石川禎浩
Yoshihiro Ishikawa

革命とナショナリズム
1925-1945

シリーズ中国近現代史③

岩波新書
1251

はじめに

孫文の遺言

一九二五年三月一二日、中国革命の指導者・孫文《そんぶん》が北京でこの世を去った。肝臓ガンによる病死で、時に五八歳。死に際して、孫文は三つの遺書を残している。中国国民党の同志に宛てた遺書（「遺嘱《いしょく》」）と家族に宛てた遺書、そしてソ連の指導者に宛てた遺書の三通である。わざわざソ連に宛てて遺書を残したのは、当時のソ連が中国の革命運動にとって最大の支援国であり、自らの死後も、ソ連が中国を含む被抑圧民族に引き続き支援の手を差しのべてくれるよう願ったからにほかならない。

三つの遺書の中で最も重要な「遺嘱」は、次のような言葉で始まる。

余《よ》、国民革命に力を致すこと、およそ四〇年、その目的は、中国の自由平等を求むるにあり。四〇年の経験を積みて深く知る。この目的に達せんとせば、必ず民衆を喚起し、世界の平等をもって我に待する民族と連合し、共同して奮闘すべきことを。

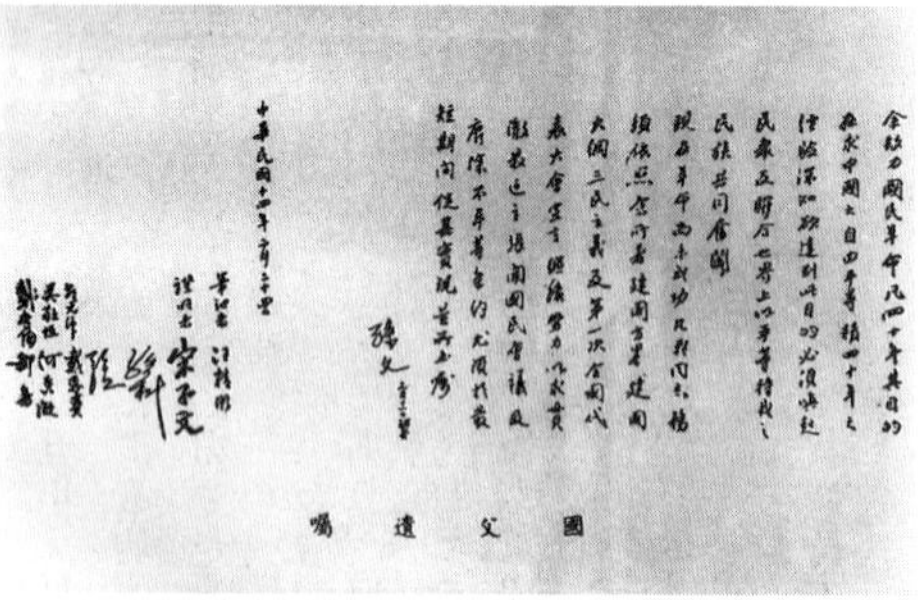

孫文の「遺嘱」．孫文のサインのあとに，筆記者の汪精衛，立ち合い証明者の宋子文，孫科らのサインがある（『北京革命文物』）．

孫文の葬礼祭壇．遺影の上と左右には，「志あらばついに成る」「同志なおすべからく努力せよ」「革命なお未だ成功せず」の垂れ幕がみえる．柩の周りにいるのは，右から孔祥熙，宋子文，孫科，戴恩賽，宋慶齢，宋美齢，宋靄齢（『上海図書館蔵歴史原照』）．

孫文の遺言としてよく知られている「革命なお未《いま》だ成功せず」の一句は、この段に引き続いてあらわれるものである。この「遺嘱」が述べるように、孫文の生涯は自由平等な中国の実現に捧げられたといってよい。だが、かれの生涯はまた挫折と再起の連続であり、中国の自由と平等を目にすることのできぬまま、つまり自らの革命の目的をはたせぬまま、この世に別れを告げざるを得なかったのだった。「革命なお未だ成功せず」と同志に言い残したゆえんである。未完の革命を成功させるために、孫文が特に同志に希望したのは、民衆に働きかけて立ち上がらせることと、中国を平等に待遇してくれる民族と連帯していくことであった。孫文亡き後、かれの後継者たちは、未完の革命を達成する上で、欠かすことのできないこの二つの課題を、具体的にいかに実行していくかという重い責務を負わされることとなる。

そして、孫文は「遺嘱」の最後の部分で、実現すべき党の当面の課題として、「不平等条約の撤廃」をあげ、「とりわけ最短期間内にその実現を促すべし」と命じていた。これが「中国の自由平等を求むる」上での具体的な、そしてカギとなる課題だからである。

弱国としての中国

孫文が「遺嘱」を残して世を去った一九二〇年代半ば、中国はどのような国だったのだろうか。当時、世界の見る中国は、哀れなほど貧しく、弱かった。辛亥《しんがい》革命によって一九一二年に成立した中華民国は、政体こそ共和制を謳《うた》っていたが、その内実は備わらず、北京の中央政権は、全国に号令の行き渡るような権威も実力も持っていなかったのである。孫文が北京で客死《かくし》したのも、前年一九二四年秋の政変で混乱した中央政局の善後処理を話し合うべく、地盤とする広東《カントン》から北京へやって来ていたからであった。また、清朝《しんちょう》以来の負の遺産である不平等条約体制は相変わらずであり、その象徴ともいうべき租界《そかい》は

上海租界の公園入口に立つインド人門衛(1921年).公園への中国人の立ち入りは制限されていた.右の門柱には日本人向けに「一、公園内ニ入ル者ハ必ズ洋服、又ハ羽織袴着用ノコト」という租界当局の告示が掲げられている(『在上海帝国総領事館管内状況 大正十年』).

上海《シャンハイ》・天津《てんしん》などの大都市になお存在し、中国に権益を持つ列強諸国の駐兵権もそのままであった。

そうした弱き中国の姿を国際連盟での地位から見てみよう。中国は国際連盟が発足した一九二〇年からの加盟国で、当初は連盟の非常任理事国の一席を占めていた(常任理事国はイギリス・フランス・イタリア・日本の四カ国、非常任理事国は中国・スペイン・ブラジル・ベルギーの四カ国)。だが、一九二三年の選挙では、非常任理事国が六カ国に増えていたにもかかわらず、四八票中わずか一〇票しか得られずに落選し、翌年、翌々年の改選でも負け続けた。つまり、一九二五年の時点で、中国は国際連盟の単なる一加盟国に過ぎなかったのである。第二次大戦後の国際連合に比べ、戦前の国際連盟は国際紛争を解決する力に大きな限界があったことはよく知られていよう。だが、当時は連盟が全てであり、その中で中国はしかるべき地位を得ることができなかったのである。日本に次ぐアジアの代表格を自認していた中国の外交官たちにしてみれば、国際舞台での相次ぐ敗北は、屈辱以外のなにものでもなかった。

新聞をはじめとする世論が、国際社会の仕打ちに落胆・反発したことはいうまでもない。さらには、こんな連盟なら、いっそのこと脱退してしまえという強硬論さえあらわれるほどだった。だが、その一方で、相次ぐ落選は中国国内で大小さまざまな内戦がやまず、国家の信用が失墜している当然の結果だという冷徹な指摘もあり、中国の国勢に関心をよせる者たちは、国の行く末に不安を抱えたまま、悲憤《ひふん》するしかなかった。

さらに言えば、こうした国際社会での中国の地位に、まったく無関心なまま、日々の生活に追われる民衆が当時の中国で圧倒的多数を占めていた。かれらは、国際情勢はおろか、国内政治の状況や中国という国の将来に思いを致すこともないまま、生存するためにのみ生きている観があり、それが中国知識人に絶望感をいだかせ、かれらをさらにいら立たせるのであった。ナショナリズムに目覚めたかれら中国知識人が、こうした内外の危機的状況の中で感じたであろう焦燥感・孤立感は察するに余りある。弱き国から強き国へ、これは一九二〇年代を生きた中国の政治家・文化人たちが政治的・思想的立場の違いを越え、共通していだいていた願望であった。

「大国」としての中国

国際連盟での挫折から二〇年がたった一九四二年一〇月上旬、アメリカ・イギリスは相次いで中国に対し、不平等条約撤廃を申し出た。第二次世界大戦のただ中でなされたこの申し出は、むろんこの年はじめの「連合国共同宣言」に中国が署名し、連合国の一員となったことにたいする見返りの措置ではあったが、中国の喜びはことさらに大きかった。同年一〇月一〇日の建国記念日（辛亥革命勃発の記念日）の式典で、中国国民政府の指導者蔣介石《しょうかいせき》は、小雨のなか集まった二万の参会者を前に、次のような演説を行っている。

アメリカ・イギリスは、我が国一〇〇年来の不平等条約を撤廃すると正式に通告してきました。一〇〇年来の革命の先烈たちの奮闘、および総理〔孫文〕遺嘱の命は、ともに不平等条約を撤廃することにありましたが、それが今まさに実現したのであります。（歓呼）

アヘン戦争終結にあたって締結された不平等条約（「南京《ナンキン》条約」一八四二年）から奇《く》しくも一〇〇年にあたる節目の年に、孫文が「遺嘱」で命じた不平等条約の撤廃がついに実現したわけだから、かれの遺命実現を最大の使命としてきた蔣介石にしてみれば、この日は生涯で最も晴れがましい瞬間であったことだろう。

翌一九四三年、蔣介石はF・ローズヴェルト、チャーチルとの会談、いわゆるカイロ会談を行い、中国は「大国」の仲間入りをはたした。そして、一九四五年の国際連合設立のさい、中国（中華民国）は晴れて常任理事国のひとつとなった。二〇年の歳月を経て、非常任理事国さえおぼつかなかった国が、今や国連の常任理事国、すなわち「五大国」の一国に変わったのである。もちろん、この「大国」は諸々の制約を負った「大国」であった。蔣介石は、カイロ宣言が公表された直後の日記に、「昨日カイロ宣言が公表されて以来、内外の世論は、中国外交史において近世以来の空前の勝利として賞賛しないものはない。ただ、わたしの心には憂《うれ》いと懼《おそ》れがあるのみである」(一九四三年一二月四日)と記している。戦後における中国東北(満洲《まんしゅう》)・台湾などの中国への返還を定めたカイロ宣言を手放しで賞賛する中国世論の喜びを、かれはそのまま共有することはできず、なお米英ソの三大国との格差を感じざるを得なかったのである。

だが、客観的にみて、小国から大国へというこの二〇年の変化の大きさを否定することは誰にもできまい。そして、この変化をもたらしたものこそが、一九二五年から二〇年にわたって中国が経験した革命と国家建設、そして日本との戦争にほかならなかった。本書が扱うのは、この二〇年間の中国の激動の歩みである。

ソ連宛て遺書のその後

ところで、冒頭で紹介した孫文の三通の遺書のうち、「ソ連宛ての遺書」はいささか問題をはらむ文書である。ソ連との長期にわたる提携を願ったこの遺書は、「遺嘱」と合わせ読むならば、「遺嘱」の「世界の平等をもって我に待する民族と連合」という一句を補完するものであった。つまり、孫文は国民党の同志に、ソ連との連携継続を命じたと解釈することができるわけである。その背景になっているのが、孫文最晩年の革命方針である「連《れん》ソ容共《ようきょう》」(ソ連と連携し、共産党員を受け容れる)政策である。

だが、「連ソ容共」には、国民党内の反発も根強く、その新方針は孫文の強い指導力によって、かろうじて維持されている観があった。また、本文でも述べるように、国民党は孫文死後三年を出ずして、「連ソ容共」の政策を破棄し、それとはまったく反対の政策に立ち至ってしまうことになる。そのため、孫文の遺命《いめい》を奉じる国民党にとって、かれの残した「ソ連宛ての遺書」は、極めて扱いの難しい文書となったのだった。

これを反映するかのように、国民党はその後、「ソ連宛ての遺書」を孫文の正規の著作とは認めない立場をとるようになる。具体的にいえば、戦後に台湾で刊行された孫文の全集には、「ソ連宛ての遺書」は収められていないのである。これにたいして、孫文の革命事業の継承者――国民党とは別の意味で――を任じる中国共産党は、当然のようにそれを孫文の著作と見なしており、大陸で刊行されている孫文の全集には、それが収録されている。さらに奇怪なのは、その国民党にしても、この間ずっと「ソ連宛ての遺書」を孫文の著作集から排除してきたわけではないということである。孫文の死後に編まれた著作集や国民党史の著作に「ソ連宛ての遺書」があるかどうかを年表風にまとめると、次頁の表のようになる。

つまり、孫文の逝去《せいきょ》からしばらくの間、孫文の著作集に「ソ連宛ての遺書」は収録されていたものの、国民党と共産党が対立し、中ソの関係が悪化すると、国民党の刊行物から「ソ連宛

孫文の関連著作と「ソ連宛ての遺書」の存否

	関連著作／国共・中ソ関係	ソ連遺書
1920年代	**『中山全書』など**	○
1927年	国共分裂・中ソ断交	
1929年	中東鉄道紛争	
	鄒魯『中国国民党史稿』(初版)	×
1930年	**胡漢民編『総理全集』**	×
1937年	日中戦争勃発・第二次国共合作成立	
1938年	**鄒魯『中国国民党史稿』(改訂版)**	○
1944年	**黄季陸編『総理全集』**	○
1945年	第二次大戦終結	
1949年以降	**台湾版『国父全集』**	×

注：中山，総理，国父はいずれも孫文のこと．

ての遺書」が消え、日中戦争の勃発に伴って国共(中国国民党・中国共産党)・中ソ関係が改善されると再びそれがあらわれ、そして冷戦体制下になるともう一度消える、という変遷をたどっているのである。この事実は、「ソ連宛ての遺書」の扱いがその時々の国民党の対ソ連・対共産党関係を照らしだす一種のバロメーターになっていることを示していよう。

こうした現象が暗示するように、本書が扱う一九二五年から四五年までの中国の歴史は、二大当事者である国民党と共産党の協力・対立を背景としているため、一つの歴史事象に相反する解釈がなされることが珍しくない。ある事件が、国民党に言わせれば共産党の陰謀であり、共産党に言わせれば国民党の策謀であったりするような歴史解釈の対立は、すでに一九二〇年代から始まっている。いわば、戦後冷戦期に顕著になる歴史像のイデオロギー的対立を、中国の国民党と共産党は先どりする形で経験していたといってもよいだろう。そして、そうした異なる歴史解釈が、両党の関係が近くなったり遠くなったりすると一変再変するのだから、この二〇年の歴史を叙述するには、時々の国共両党の都合に合わせて改変されてきた歴史から、史実をひとつひとつ解き放つ努力をしなければなるまい。

孫文死後の中国史は、「遺嘱」の課題を実現するのは、国民党なのか共産党なのかをめぐって展開したということができる。その意味では、一九二五年から二〇年間にわたって、政治面で協力と対立を繰り広げつつ、中国を変えていったこの二政党こそが、革命とナショナリズムの時代たる本書の主人公である。

〔補記〕本書で中国語・ロシア語の資料を引用するにあたっては、スペースの関係とわかりやすさを重視して、原文の文脈・文意を損なわない範囲で、省略や要約を行ったところがある。なお、引用文中の〔　〕内の説明は筆者によるものである。

目　次

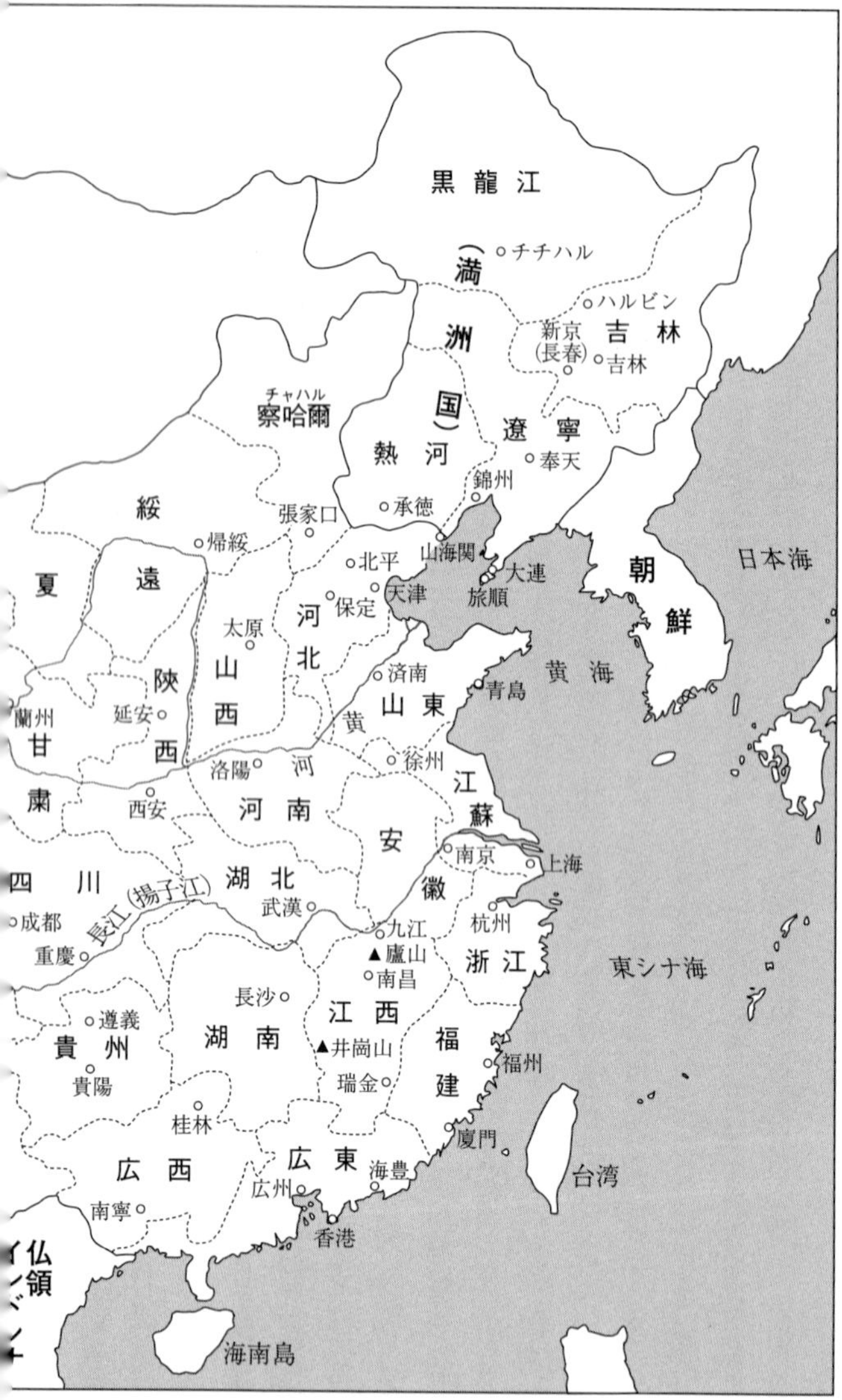

黒龍江
（満洲国）
チチハル
ハルビン
新京
（長春）
吉林
吉林
察哈爾《チャハル》
熱河
遼寧
奉天
錦州
承徳
綏遠
張家口
帰綏
北平
山海関
大連
旅順
朝鮮
日本海
夏
保定
天津
河北
太原
山西
陝西
延安
蘭州
甘粛
済南
山東
青島
黄海
黄河
洛陽
徐州
江蘇
西安
河南
安徽
南京
上海
四川
湖北
長江（揚子江）
武漢
成都
重慶
九江
▲廬山
南昌
杭州
浙江
東シナ海
長沙
江西
遵義
貴州
湖南
▲井崗山
福建
福州
貴陽
瑞金
桂林
廈門
台湾
広西
広東
海豊
広州
南寧
香港
仏領
海南島

1935年ごろの中華民国

第1章　国民革命の時代

黄埔軍官学校開学式典(1924年6月16日).左より廖仲愷,蔣介石,孫文,宋慶齢.壇上には,国民党旗(青天白日旗)が掲げられている(『図片中国百年史』).

1　志を継ぐもの

中国国民党

孫文の率いた中国国民党は、清末に結成された革命組織・興中会《こうちゅうかい》、および中国同《どう》盟会《めいかい》を前身とする政党である。辛亥革命後に国民党(公開政党)、さらに孫文に絶対忠誠を誓う中華革命党を経て、五四《ごし》運動後の一九一九年一〇月に中国国民党へと改組された。その後、孫文はこの党を基盤として、北京の中央政府に対抗する地方政権を広東に組織する(一九二三年三月)。表面的には、その政権はそれ以前と同様、西南地方の軍事勢力の寄せ集めを超えるものではないかに見えたが、この時期、国民党は党の姿を大きく変えつつあった。一九二三年一月の「孫文・ヨッフェ連合宣言」によって、ソ連との提携方針をあきらかにすると同時に、党の綱領や規約をはじめて公表し、従来の孫文専権党から委員会による合議へと党運営のスタイルを変えたのである。

それまで、国民党のあらゆる要職の任命権と党大会など各種会議の招集権は、すべて総理(孫文)が握っており、党大会には総理の選出以外、何の権限もなかった。さらにはその大会自体すらそれまで開かれたことがなかったのだから、「改進《かいしん》」と呼ばれる一九二三年の一連の変革は、国民党を近代政党にする上で、大きな転換点となったのだった。党の改革には、コミンテルン・ソ連から派遣されてきたマーリンやボロジンらの参与があった。

「孫文・ヨッフェ連合宣言」の中で孫文は、革命ロシアのソヴィエト制度は中国には適さないと述べてはいたが、こと党の運営スタイルの面では、国民党は紛《まぎ》れもなくソ連から多くのものを取り入れた。その最も顕著な例は、一九二四年に制定された党規約がロシア共産党のそれを下敷きにしていることであろう。その後、国民党は「民主主義的集権制度」が自党の組織原理であることを、繰り返し表明することになる。周知のように、「民主主義的集権制度」は共産党の組織原理でもある。強い意志を持った革命家が、厳格な規律にもとづく集権的な党組織を構築するという理念は、ロシア共産党のボリシェヴィズムの根幹をなすものである。国民党と共産党は掲げる主義こそ違え、ともに自己完結的なイデオロギーを持ち、集権的組織を追求したという意味において、一卵性双生児であったといっても過言ではない。

党の運営スタイルの変化に歩調を合わせるように、一九二三年秋には党員の再登録も実施された。当時、国民党は党員二十余万と称していた。ただし、清末以来の革命活動がかなり海外華人に依存してきたといういきさつもあり、その多くは海外党員であって、国内の党員は公称でも五万に届かなかった。さらには、党運営に事実上参与できない一般党員の多くは、名簿上の党員に過ぎず、実質は党員らしい党員のかなりの部分が幹部であるという幹部中心型政党であった。党員再登録を経て、国内党員の大半を占める広州《こうしゅう》の党組織は、三万から三〇〇〇に減

黄埔軍官学校での式典(1924 年 7 月)を終えて校門を出る孫文(白い帽子の男性).右の白服の男性はソ連の軍事顧問(ウソフ『中国におけるソヴィエト情報機関』露語).

じたが、これを伝える国民党員の文章は、この結果、組織は精鋭集団に生まれ変わったと述べている。もっとも、これは名ばかりの党員が名簿から削られたという側面が強く、幹部が相対的に高い比率を占めるという国民党の構造に大きな変化をもたらすものではなかった。のちに、国民党の基層の活動に積極的にとりくむ「新たな血液」として、国民党に加入した共産党員が大きな役割をはたしたのはそのゆえである。

党の改組と並んで重要なのは、党の軍隊の創設である。それまで、大小の軍閥《ぐんばつ》の力を借り、そのたびに苦汁をなめた孫文は、一九二三年以降、ソ連の赤軍《せきぐん》のような政治思想を持つ軍隊（党軍）の必要性を痛感した。一九二三年に腹心の蒋介石をソ連に派遣して赤軍の制度を視察させたのち、孫文は二四年六月、自らが総理となり、蒋を校長に、廖仲愷《りょうちゅうがい》を党代表に任命して、広州の東郊黄埔《こうほ》に「陸軍軍官学校」（黄埔軍校）を創設した（本章扉写真参照）。主義と党のために戦う士官として養成された軍校の卒業生は、これまたソ連軍事顧問団の指導のもとで鍛え上げられた国民革命軍（一九二五年編成）の中核将校として、一九二四年から翌年にかけての広東省の統一、そして一九二六年からの北伐《ほくばつ》で大きな役割をはたすことになる。

中国共産党

国民党への共産党員の加入、すなわち国共合作《こっきょうがっさく》は、一九二四年　月の国民党第一回全国代表大会によって正式に幕が上がったが、この時点での共産党員は全国で約五〇〇人に過ぎなかった。国民党の公称国内党員数の一〇〇分の一である。生前の孫文が、共産党との対等な提携（党と党との合作、いわゆる党外合作）ではなく、あくまでも共産党員が個人の資格で国民党に入党すること（いわゆる党内合作）にこだわったのは、自党の主義への孫文の自信ばかりでなく、こうした両党の力の量的な隔絶を反映したものでもあった。

全党員の国民党への加入という国共党内合作の方針が、コミンテルンの指示のもと、共産党員多数の反対を押し切って推進されたように、一九二〇年代初頭の党結成以来、中国共産党（以下、適宜「中共」と略称）は、共産主義者の国際組織であるコミンテルンとそれを実質的に指導するソ連（ロシア共産党）の強い影響下にあった。コミンテルンにしてみれば、社会主義革命のための条件が備わっていない「半植民地」状態の中国にあっては、民族解放運動こそが当面の任務なのであって、共産党員は「中国における唯一の重要な民族革命集団」（コミンテルンの見解）である国民党の活動に加わり、可能なかぎりそれを支援すべきだとされたのである。

国共合作は共産党の党勢発展に大いに寄与した。組織拡大の面でいうならば、とりわけ大事なのは、国民党に加入した共産党員が、広州など国民党の支配地域で、国民党員ゆえの職を得られたことである。地方政権とはいえ、広東の政権はれっきとした政府であり、それが労農扶助を掲げて、社会運動を支援する政策をとっているのだから、かれらは微禄《びろく》とはいえ、公的機関の俸を受けて革命運動に従事することができたのである。財政基盤の弱かった初期の共産党にとって、党専従の活動家を多数抱えることは不可能であったから、国民党の傘のもとで「職業革命家」を維持できたことの意義は決して小さくなかった。合作当初、五〇〇人だった党員数が一九二五年秋には二五〇〇人から三〇〇〇人に達した背景には、後述する五三〇《ごさんじゅう》運動などの反帝運動の盛り上がりで入党者が激増したという理由だけでなく、国共合作によるこうした経済面での間接的恩恵もあったといえよう。

外国の資金援助

共産党の財政基盤といえば、ソ連やコミンテルンからの資金援助がとりざたされることが多いが、実際はどうであったのだろうか。幸いなことに、国共合作のスタートした一九二四年の一年分の比較的詳しいデータが残っているので、それをもとに計算してみると、この年の党の総収入は三万二〇〇〇元《げん》余りであった。今の日本の物価水準で大ざっぱに換算すると、二四〇〇万円ほどになろう。このうち、党員の納める党費など、中共が自前で調達できた収入は、一九〇〇元ほどに過ぎない。残りの三万元ほどは、コミンテルンなどいわゆるモスクワからの資金援助である。割合からすると、この年、共産党の財政収入の九五％ほどは、モスクワに依存していたということになる。この数字は、あくまでも党の活動の予算であって、共産党系列の労働組合にかかわる資金援助は含まれていない。このほか、ソ連から国民党への援助の一部は、国民党の顧問ボロジンらを通じて共産党の活動のために転用されたので、実際の援助額はこの数倍に達すると考えられる。一九二七年には、こうした援助が総額で一〇〇万元にまでふくらむことになるが、予算の九〇％以上をコミンテルンからの援助に頼るという財政構造は、一九二〇年代を通じて、ほぼ変わらなかった。

その意味では、中共はソ連の金で活動する「盧布党《ルーブル》」だという外部からの誹謗《ひぼう》は、ゆえなきものではないということになるのだが、一方で中共が組織規定上あくまでもコミンテルンの中国支部であったという国際政党としての特異性も、あわせて考慮されなければならないだろう。組織・イデオロギー・政策の面でコミンテルンの指導を受ける党である以上、その国際組織から経済的支援を得ることは、それだけを取りあげて非難されるべきことではあるまい。

資金援助ということで言うならば、国民党がソ連から得た軍事援助をはじめとする直接・間接の物質的援助は、共産党のそれをひと桁《けた》もふた桁も上回るものだった。一九二五年六月に、ロシア共産党の中央政治局は、中国(主に広東)への軍事援助予算を審議・決定しているが、四月から九月までの半年分として、四六〇万ルーブル(中国元に換算して約一五〇万元)を計上している。その前年の中共への援助額は約三万元だったから、単純に通年で比べれば、その一〇〇倍の援助が国民党の軍事整備のために振り向けられたのであった。

ただし、額だけを比べるならば、日本が第一次世界大戦中に当時の段祺瑞《だんきずい》政権のために与えた借款《しゃっかん》（西原《にしはら》借款）は、元換算で総額約一億五〇〇〇万元に達したから、年間三〇〇万元の国民党への援助も、その前では霞《かす》んでしまう。もっとも、「費用対効果」でいえば、ソ連の援助は、国民革命という巨大な成果を生んだわけだから、「西原借款」などよりもはるかに効率のよいものだったといえよう。要は、ひと口に外国の資金援助とはいっても、それを受け取って実際に活動する側との組み合わせや、その「援助」が中国の混乱を助長するものなのか、それとも新時代を切り開くものなのかによって、援助の効率はまったく異なるのである。

孫文の死

広東が新体制を整えつつあったころ、北京を中心とする北方の政局は、何度目かの大きな転換点を迎えていた。当時、中央政界の主流を形成していたのは、曹錕《そうこん》・呉《ご》佩孚《はいふ》を政軍の総帥にいただく直隷《ちょくれい》派と呼ばれる派閥であった。曹錕を議員の買収によって大総統に選出（一九二三年一〇月。賄選《わいせん》と呼ばれる）してのち、直隷派は全国統一を掲げ、対抗する奉《ほう》天《てん》派（張作霖《ちょうさくりん》）・安徽《あんき》派（段祺瑞）を圧迫、これに反発した反直隷派は一九二四年九月に大規模な武力抗争に出た。一九二二年の奉直《ほうちょく》戦争（第一次、直隷派の勝利）に続く第二次奉直戦争である。一九一〇〜二〇年代に起こった大小の内戦は、千とも二千とも言われるが、両軍合わせて三〇万の軍隊が動員された第二次奉直戦争は、北方の軍閥間で戦われた最大の内戦だった。

東北から南下してきた奉天軍とこれを迎え撃つ直隷軍は、山海関《さんかいかん》付近で激戦を繰り広げたが、直隷軍の馮玉祥《ふうぎょくしょう》が反乱を起こして一〇月に北京を制圧し、曹錕を監禁したため（北京政変）、背後をつかれた直隷軍は総崩れとなった。この時、馮玉祥は自軍を「国民軍」と改称し、次いで皇帝退位後も紫禁城《しきんじょう》（故宮《こきゅう》）に住まいしていた溥儀《ふぎ》を放逐した。さらに馮は事態の収拾のため、張作霖の同意を得て段祺瑞を北京政府の「臨時執政《しっせい》」に担ぎだしたが、反直隷同盟の一翼を担っていた孫文も「北上宣言」を発し、年末に北京入りした。一九二五年三月、臨終の孫文が北京にいたのはこのためである。

北上にあたって孫文が掲げたのは、機能不全に陥った国会に代わって、全国の社会団体代表による「国民会議」を開催して中央政治を一新することだった。孫文が世を去ったとき、北京では「国民会議」の開催を目指す「国民会議促成会全国代表大会」が開かれていたが、段祺瑞らはそれに賛同せず、少数の著名人士による「善後会議」によって、混乱した政局をとりあえず収拾する道を選んでいた。北京の政界は、その後、日本の支援を受けた実力者の張作霖が、馮玉祥を排する形で主導権を握り、旧敵であった呉佩孚を抱き込みつつ、臨時執政のさらに代理を据えるというような曲芸的政権運営を行っていくことになる。

一方、奉天派と対立するに至った馮玉祥は、国民党との連携を強め、張作霖打倒をはかる張配下の郭松齢《かくしょうれい》と密約を結んだが、張を追いつめた郭松齢の反乱(一九二五年一一月)は、日本側の露骨な介入によって失敗に終わった(郭は敗死)。北京を奉天軍に明け渡した馮の国民軍は、西北に退き再起を期すこととなる。国民党に加入(一九二六年)した馮を、ソ連側は南の広東と並ぶ革命勢力と見なし、国民軍に対しても軍事顧問団の派遣や武器の援助を行った。

さて、孫文の死により、国民党は強力なカリスマ性を持つ指導者を失うことになった。国民党は改組によって、孫文専権の色彩を薄めていたとはいえ、かれは党の規約を半ば超越した存在であり、「連ソ容共」方針が党内の根強い異論を抑え込む形で維持されたのも、国民会議運動が大きな共感をもって迎えられたのも、かれのカリスマ性と声望に大きくあずかっていた。例えば、国民党の会合で、共産党との合作解消を訴える声があがると、孫文は、「みなが命令への服従を拒否するなら、わたしは国民党そのものを捨て去って、自ら共産党に加入する!」とまで言い切っていた。世間から「赤化《せきか》」という言葉を浴びせかけられても、まったく意に介さなかった孫文の強い意志が伝わるエピソードである。

五三〇運動　孫文が目指した国民革命は、かれの死後に始まった。国共合作下の広州で、一九二五年五月に開催された第二回全国労働大会によって、中華全国総工会が成立したが、これは孫文の言い遺《のこ》した「民衆の喚起」を具体的な形にしたものだということができよう。広東では前年に、中国ではじめて団体交渉権やスト権を認めた労働組合法が制定されていたのである。全国総工会に結集したのは一六六の組合で、傘下労働者は五四万人であった。
当時のいわゆる労働者の多くは、工場経営者に直接に雇用されるのではなく、工頭《こうとう》と呼ばれる中間労務管理者によって募集・管理されており(包工《ほうこう》制)、それゆえに地縁を紐帯《ちゅうたい》とするギルド(幇《パン》)的人間関係の中で生活していた。共産党系の労働組合の組織化が一筋縄ではいかなかったゆえんである。ただ、第一次世界大戦後に中国に進出した日系の在華《ざいか》紡《ぼう》に代表される外国系企業は、生産性向上のために、労働者の直接管理に乗り出しており、沿海都市部では、外国資本の支配への反発と労使問題とが、複雑に絡み合う状況が生まれつつあった。第二回全国労働大会が、働く者の労働条件の改善や経済闘争だけでなく、「軍閥と国際帝国主義を打倒する革命」を決議したのには、そうした時代背景があったのである。

総工会の力が問われる機会はすぐに訪れた。在華紡での争議が発端となった大規模な反帝国主義運動たる五三〇運動がそれである。端緒は、一九二五年二月以来つづく上海の日系紡績工場内外綿《ないがいめん》の労使紛争であった。争議の最中に中国人労働者が日本人職員の発砲によって死亡した(五月一六日)ため、共産党はこの問題を重視し、「三〇日に上海租界において反帝示威運動を組織」することを決定した。三〇日にデモが行われると、上海の共同租界当局は強硬策で応じ、警察署に押し寄せた群衆にたいして発砲、一三人の犠牲者を出した。五三〇事件である。

この惨劇をきっかけに、日系企業の労使紛争問題は、一挙に反帝運動へと転換した。学生・

反帝スローガンを書き込んだ服を着て，抗議集会に参加した北京の学生(1925 年 6 月.『図片中国百年史』).

商人・労働者がストに突入するだけでなく、共産党がこの時組織した上海総工会は、中小企業家の団体や学生団体とともに、工商学連合会を結成して対外ボイコットを展開した。労働者のストは、二〇万を超える空前のゼネストに発展、上海の都市機能はほぼ六月いっぱい麻痺《まひ》状態に陥った。アジアの経済的中心である上海で起こったこの運動により、世界は中国のナショナリズムの高揚に驚きの目を向けることになった。

五三〇運動の矛先は、帝国主義列強の中でも、上海租界当局を実質的に代表するイギリスに強く向けられて全国へ波及したが、特にそれが盛り上がったのは、国共合作下の広州とその隣接地にして極東における英植民地の代表格・香港《ホンコン》だった。五三〇運動支援のストが起こった広州では、六月二三日に英仏租界のあった沙面《さめん》を取り囲むデモが発生したが、一〇万もの群衆に恐慌をきたした租界守備隊がここでもデモ隊に発砲し(五二人が死亡)、反英運動の火に油を注ぐこととなった。香港で働く一三万の労働者が続々と広州へ引き上げたばかりでなく、全国総工会の指導と国民党政権の支援を受けた二〇〇〇人の労働者糾察隊《きゅうさつたい》(自警防衛隊)が香港―広州間の交通を遮断して、香港と沙面の経済封鎖を行った。このスト（省港ストライキと呼ばれる）は、一九二六年一〇月まで一六カ月にわたって続けられたが、世界でもまれなこの長期ストによって、「東洋の真珠」と謳われた香港は、「臭港《しゅうこう》」「死港」と化した。

国共両党の摩擦

省港ストライキのさなかの一九二五年七月、孫文亡き後の広東の国民党政権は、名称を大元帥府《だいげんすいふ》から「国民政府」（主席・汪精衛《おうせいえい》）に改め、八月には旧来の諸軍を、黄埔軍校の連隊を基幹とする第一軍以下の国民革命軍に改編した。だが、孫文に匹敵する指導者を持たない国民政府は、反帝・反軍閥の国民革命路線を継承してはいたものの、共産党との関係においても、また国民党内でも、多くの亀裂を露呈しつつあった。

まずは国共関係である。すでに述べたように、国共合作は共産党員が共産党の党籍を保持したまま、国民党にも加入するという形式をとっていたが、これは国民党の特に古参党員には、共産党員による国民党の乗っ取りという懸念を呼ぶものであった。つまり、共産党側は、国民党員のうちの誰が自党の党員でもあるかを把握しているのにたいして、共産党員の名簿を持たない国民党側は、それがわからない状態に置かれていたのである。こうした国民党側の疑心暗鬼を背景として、例えば、孫文の側近でもあった戴季《たいき》陶《とう》は、『孫文主義の哲学的基礎』や『国民革命と中国国民党』などのパンフレット（いずれも一九二五年夏刊）で、共産党の「寄生政策」を批判して「純正三民主義」の徹底を強く訴えた。

ただし、国民党にとって頭が痛かったのは、積極的に国民党の活動を担っているのが、ほかならぬ共産党員だったという現実である。当の戴季陶も、共産党の主義を批判しながらも、蔣介石に宛てた書簡では「今日、最もよく奮闘せる青年は大多数が共産党であり、国民党の旧同志の腐敗・頽廃はおおうべくもない」(一九二五年一二月)と認めざるを得なかった。

一方、国民党内に目を転じると、孫文の有力後継者と目された財政部長の廖仲愷が、国民政府の成立後ほどなく、八月二〇日に広州市内で右派系の刺客に暗殺されるという事件が起こっている。暗殺はその後、事件処理の過程で外交部長の胡漢民《こかんみん》と軍事部長兼広東省長の許崇智《きょすうち》がそれへの関与を問われ、失脚するという展開をたどった。事件の真相は今なお謎に包まれているが、国民党・国民政府内の暗闘の複雑さをうかがわせるものである。かくて、国民政府は、連ソ容共に積極的な姿勢を見せていた汪精衛と広東の軍事的統一で実績をあげていた蔣介石を、ボロジンらソ連の顧問団が支えるという体制で維持されることになった。

2　蔣介石の台頭と共産党

蔣介石その人

蔣介石(一八八七～一九七五)は浙江《せっこう》省奉化《ほうか》の人、清末に日本に留学し、振武《しんぶ》学校という東京の留学生向け軍事予備学校に学び、次いで一九一〇年から一年弱、新潟県高田の日本陸軍の連隊で実習を受けたという経歴を持っている。それ以前から孫文の革命運動に加わっていたかれは、辛亥革命の勃発した一九一一年に帰国、以後孫文の革命運動を主に軍事面で支え続けた。ロシア革命を受けて中国に社会主義思潮が勃興した一九一九年以降は、ロシア語を学んだり、『共産党宣言』や『マルクス学説概要』(高畠素之《たかばたけもとゆき》著の翻訳)といった書物を読んだりもしている。一九二三年に孫文がソ連に代表団を派遣したさい、蔣介石がまっ先にその要員に選ばれたのには、かれのこうした志向に大きくあずかっていた。孫文の連ソ方針にも積極的に賛同していたかれは、決して当初から反共的であったわけではない。

他方で蔣介石は、曾国藩《そうこくはん》に倣《なら》い、日記などで内省を怠らない修養の人でもあった。曾国藩は、かつて湘軍《しょうぐん》を組織して太平天国を鎮圧した清朝の大官であるが、軍事のみならず儒学にも造詣が深く、人生訓・処世訓などを通じて、その門下から多くの人材を輩出したため、完全無欠な人格者と

軍服に身を包む蔣介石(1927年当時).酒もタバコもたしなまないストイックな人物であった.この写真は,当時かれの盟友だった張静江の夫人に贈ったもの(『中国近代珍蔵図片庫　蔣介石与国民政府』).

して、当時の知識人からほぼ例外なく賞賛されていた人物である。ちなみに、若き日の毛沢東《もうたくとう》もそうした曾国藩の崇拝者の一人であった。

黄埔軍校長としての蔣介石は、その後にかれの「嫡系《ちゃくけい》」と呼ばれることになる将材を育成したが、それには、組織規律モデルとしての日本軍やソ連赤軍の影響だけでなく、儒教的修養によって自他を錬磨すべきだというかれの理念が反映されていたといえるだろう。人脈の点でいえば、地縁・血縁のほかに、この学縁(その一例は「黄埔同学会」)ともいうべき師弟関係が、その後のかれにとって、余人では持ち得ない政治資本となるのである。共産党など左派の間でも人望を得たかれは、共産党によって「左派による勝利の大会」と呼ばれた国民党第二回大会(一九二六年一月)で、汪精衛に次ぐ得票数で中央執行委員に初選出された。

中山艦事件

広東省を統一した国民党・国民政府にとって、全国統一へ向けた軍事行動(北伐)を起こすことは悲願であった。とりわけその早期実施を望んでいたのは蔣介石である。だが、これにたいして共産党やソ連の顧問たちは、広東の地盤固めや労働者・農民政策の実施がまだ不充分であり、北伐は時期尚早と考えていた。また、ソ連は広東への支援とは別に、一九二六年初頭には北京の中央政局打開に直接つながる馮玉祥への援助も並行して進めていた。こうした中共・ソ連側の対応に、蔣介石は徐々に不信感を募らせていくことになり、それが突発的行動へと発展したのが、一九二六年三月のいわゆる「中山艦《ちゅうざんかん》事件」である。

この事件は、国民革命軍の砲艦「中山」が蔣介石のあずかり知らぬ間に抜錨《ばつびょう》・航行したため、これをソ連・中共の陰謀と感じた蔣が、広州に戒厳令を布告した上で、ソ連軍事顧問団の公邸や省港ストライキ委員会を包囲し、労働者糾察隊の武器を押収するなど、強硬な対応に出た事件である。蔣介石は事件直後に、自らの過剰反応をさとって一連の措置を解除したが、この事件の処理は思いがけない展開をたどった。すなわち、当時おりから広州に滞在中だったソ連代表団(ブブノフ使節団)が蔣介石らとの折衝の中で、この事件の背景にはソ連軍事顧問団の蔣にたいする不遜《ふそん》な言動とそれに起因する北伐問題での意見対立があったことを認め、北伐に反対していたソ連人顧問を更迭《こうてつ》することに同意したのである。その上でブブノフは、北伐の早期実施が妥当であること、長期にわたっている省港ストライキは北伐との関係を考慮して、しかるべき時期に終息させるべきであるということにも同意した。つまりは、広東の革命政権の安定を優先する立場から、蔣介石に屈することになったのである。

ブブノフ使節団のこの妥協策は、モスクワのロシア共産党中央の同意するところとなった(したがって、共産党も蔣介石にたいして反撃に出ることはなかった)が、蔣の独断的ふるまいに不満を感じていた汪精衛には、ソ連が自分よりも蔣の意向を尊重したと映った。権威を否定されたと感じた汪は、広州を離れ、病気療養を口実に国外へと去った。

事件には、蔣介石による自作自演説、中共・ソ連陰謀説、国民党右派の陰謀説などさまざまな解釈がある。国民党右派の策謀に蔣が過剰に反応したというのが真実に近いようだが、事件の処理が、蔣介石の地位上昇をもたらしたことだけは間違いない。蔣介石は、事件後の四月には汪精衛に代わって国民政府軍事委員会主席となり、さらに七月の北伐を前に、国民革命軍総司令、国民党中央執行委員会常務委員会主席にも就任した。後者は党の最高ポストである。

ソ連の対中政策と共産党

レーニンの死（一九二四年）の後も、中共・国民党への支援を通じて中国革命を後押ししたソ連（ロシア共産党）とコミンテルンの両者は、前者が後者を実質的に指導していたという事情があるため、大枠では同様の対中認識を持っていた。したがって、ソ連が国益を重視し、中国革命においても民族革命の統一戦線の維持を優先すると、コミンテルンもおおむねその枠に沿って、中共に国民党への過度の批判・対立を避けるよう指導することが多かった。

一方、「党内合作」という方式は、確かに合作開始当時の状況にはふさわしいものではあったが、中共党員も増加し、国民党の中で重要な地位を占めていくと、中共の「寄生政策」を懸念する国民党幹部から、孫文の「三民主義」による思想統一に名を借りた圧力が増していくようになった。こうした事態にたいして、共産党の側では、一九二六年に入って「連ソ・連共・労農扶助」からなる孫文の「三大政策」というスローガンを編み出し、孫文の思想をヴェールとした巧みな宣伝活動を行うなどの対処をする一方、同年五月には国民党の「整理党務案」（共産党員の国民党内での活動を制限するもの）に同意するなどの妥協を迫られた。

中共の指導者陳独秀《ちんどくしゅう》は、国共間の無用の軋轢《あつれき》を減らし、共産党の独自性を発揮するためにも、合作の形式を党同士の協力という「党外合作」に改めるよう、たびたびコミンテルンに訴えた。だが中共の要求は、統一戦線の維持を重視するコミンテルンの受け入れるところとはならなかった。また、北伐についても、戦時に名を借りた民衆運動の抑制や蔣介石の軍事独裁を招くという懸念から、中共が慎重論を唱えたのにたいし、モスクワは当初こそそれに理解を示したものの、前述の中山艦事件の後には、次第に北伐の早期実施を容認するようになった。

かくて、国民党の多数も北伐を強く求め、準備を着々と進める以上、共産党もそれに反対し続けるわけにはいかなくなった。北伐の失敗が、今や「新右派」となった蔣介石の権威失墜を招く事態をシナリオに入れつつも、共産党は単なる軍事行動に終始せず、民衆運動と連携した広範な民族革命運動とするという条件つきで、北伐に積極的に協力することを決めた。

3　北伐と北京政府

北伐の開始　一九二六年五月、国民革命軍北伐先遣隊の湖南《こなん》派遣によって、北伐戦争は幕を開けた。これより先、湖南省では省長代理であった唐生智《とうせいち》の軍が、湖南に地盤を確保しようとした呉佩孚の軍と対峙したため、唐を支援する名目で広東の国民革命軍が介入したのである。唐は国民政府の側に立ち、その軍は国民革命軍に編入された。その後、同年七月の「北伐宣言」および国民革命軍動員令によって、北伐が本格的に開始された。北伐軍は、蔣介石の直系部隊第一軍から新たに編入した唐の軍までの全八軍、二五個師団編成で、総兵力は一〇万であった。ここで注目すべきは、第一軍を除く残りの七軍は、俗に西南軍閥と称される広《こう》西《せい》・雲南《うんなん》・湖南などの現地軍を吸収・改編したものだった点である。黄埔軍校による士官養成によっても、短期間で精鋭軍を拡充するにはおのずから限界があり、国民革命軍は政治工作などによって帰順した非国民党系の部隊を多く抱えざるを得なかった。

これら北伐軍に対したのは、湖南方面では呉佩孚(総兵力二五万)、江西《こうせい》方面では直隷派から分かれ出た孫伝芳《そんでんほう》(同二〇万)で、かれらの背後には総兵力三五万と号する張作霖軍が控えていた。これに加えて、特にソ連が懸念したのだが、中国に多くの権益を有するイギリス・日本などの列強が北伐の進展如何《いかん》によっては、露骨な軍事介入をする可能性も充分にあり得た。さらにいえば、過去一〇年、中国では武力統一を掲げて有力な軍閥が覇を競ったが、そのどれもが失敗に終わっており、歴史的に見ても、北に起こった王朝が南下して中国を統一した例は多いが、その逆はほとんどないのである。北伐には多くの困難が予想された。

だが、ふたを開けると北伐軍は予想を超える快進撃をみせた。呉佩孚と孫伝芳の連携が整わないうちにまず湖南の呉軍をたたき、次いで江西の孫軍にあたるという各個撃破の戦略と高い士気、そして民衆動員を中心とする政治工作がその要因であった。北伐軍は最初の主戦場となった湖南・湖北では、早くも八月の半ばには湖南を制圧し、同月末には呉佩孚軍が主力を投入した要衝(汀泗橋《ていしきょう》・賀勝橋《がしょうきょう》)を激戦の末に攻略、一〇月一〇日(辛亥革命勃発の記念日)には長江中流域の大都市武漢《ぶかん》を占領した。武漢攻略とその後の追撃により、呉軍の主力はほぼ壊滅した。

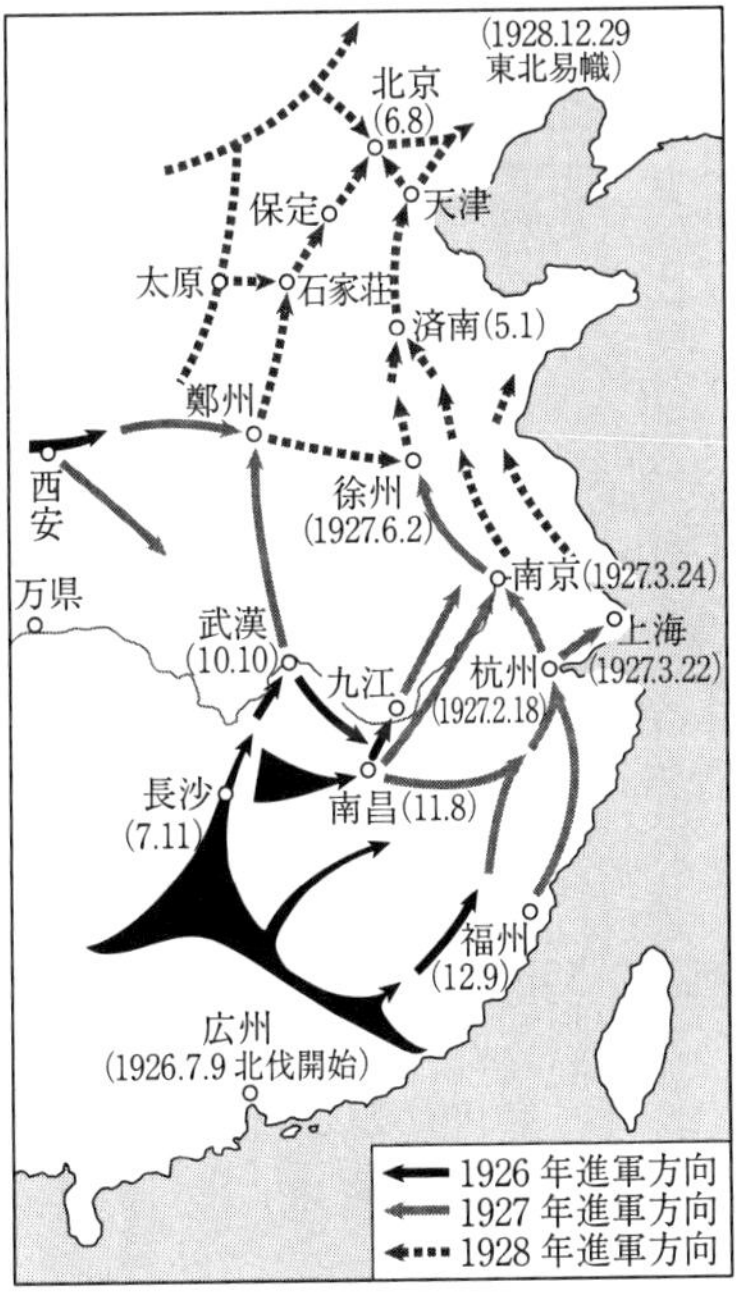

北伐の進展

北伐の進展

湖南・湖北に続いて戦場となった江西では、蒋介石自らが作戦指揮をとった。両湖での勝利を見せつけられたかれとしては、その威信にかけても負けるわけにはいかない。省都南昌《なんしょう》の攻略を急いだため、いく度か苦杯をなめ、一万を超える戦死傷者を出したものの、直系部隊と第七軍(軍長・李宗仁《りそうじん》)の奮戦もあり、一一月初めには南昌を占領、江西もまた北伐軍の制圧するところとなった。福建省も、一二月には国民革命軍の支配下に入った。また、目を北方に転じれば、いったん中国西北部に退いていた馮玉祥も、九月に綏遠《すいえん》省五原《ごげん》で国民革命への参加を宣言して再起し、一一月下旬には陝西《せんせい》を支配下におさめていた。

北伐軍の快進撃は、国民革命軍を「我が軍」と呼んだ民衆の支持なしにはあり得ないものだった。農民運動の高揚を伴って進展した湖南・湖北の戦局は言うまでもない。北伐以前から、広東で養成された農民運動家たちは、湖南・湖北を中心に農民協会の組織化にあたり、協会の会員は四〇万を数えていたが、北伐軍の北上に呼応する形でこれが激増、一九二六年末には湖南だけで一六〇万に増加した。農民は各地で武装し、北伐軍の側面支援にあたるだけでなく、地主・土豪にたいして激しい闘争を行った。他方、上海など都市部においても、当初中国東南地域での戦闘回避を求めて始まった自治運動が、間接的に孫伝芳の江西への派兵の足かせとなり、その後国民党の働きかけもあって、次第に反孫伝芳色を強めるようになった。

帝国主義打倒を掲げる国民革命に共感したのは、中国人ばかりではない。黄埔軍校には、民族独立を求める多数の朝鮮人青年が学び、実際に北伐軍にも加わっていた。また、一九二五年から二七年に、アジアの民族解放運動と中国革命の連帯を掲げて、広州や武漢で結成された「被圧迫民族連合会」には、中国人・在華朝鮮人だけでなく、ヴェトナム(ホー・チ・ミン)・インド・ビルマ・台湾の独立運動家たちが含まれていた。「ヴェトナム青年革命会」や「台湾革命青年団」などがいずれも国民革命期の広州で結成されていることに、この革命がアジアの民族解放運動に持っていた意味を見てとることができよう。

国民党内の亀裂

国民革命軍の北上が予想外のスピードで進むと、当初北伐に懸念を表明していたソ連のスターリンさえ、「漢口《かんこう》はやがて中国のモスクワになるだろう」(モロトフ宛て書簡、一九二六年九月二三日)と側近に書き送り、喜びを隠さなかった。だが、中共と国民党の左派指導者たちは、北伐の進展とともに増大し続ける蔣介石の権勢を憂慮し、かれの権力を掣肘《せいちゅう》する方策を模索し始めていた。かれらが選んだのは、「病気療養中」の汪精衛を欧州から呼び戻してトップの地位に復職させ、さらに種々の党決議によって蔣介石の権力を縛るという方法だった。軍はあくまでも党の指示に従わなければならないのだから、汪の権威と党権によって蔣を抑え込めるはずだという論理である。

まず焦点となったのは、広州の政府の移転先だった。武漢の占領を受けて、広州の国民党中央は、一九二六年一一月に党中央と政府の武漢への移転を決定、一二月に武漢に先に入った徐《じょ》謙《けん》(司法部長)、孫科《そんか》(交通部長、孫文の長男)、陳友仁《ちんゆうじん》(外交部長)ら政府・党の左派系要人とボロジンは、党中央と政府の臨時連席会議を組織して、今後これが最高職権を行使すると宣言した。翌二七年一月一日、武漢を首都とする政府、すなわち「武漢国民政府」が正式にスタート、二日後にはその臨時連席会議が、来るべき国民党中央の総会(二期三中全会)を三月に武漢で開催することを決定した。この総会の決議によって、蔣の権力を削ごうという段取りである。

これにたいして、南昌に北伐軍総司令部を置いた蔣介石は、党の規約にない臨時連席会議の正統性を認めず、南昌にとどまった党中央執行委員らと中央政治会議を招集して、党中央と国民政府は暫時南昌にとどめ置くこと、二期三中全会は南昌で開催することを決定するなどの対抗手段に出た。遷都をめぐる争いである。この時点では、南昌にも譚延闓《たんえんがい》(国民政府主席代理)、張静江《ちょうせいこう》(党中央常務委員会主席代理)らがおり、それなりの正統性を謳えたわけだが、その後、武漢側の工作もあって、南昌の党中央委員の多くも武漢に赴いたため、組織的正統性の面から見た場合の武漢の優位はあきらかであった。だが、なんといっても、軍の大権は北伐軍総司令の蔣介石の手にあるのだから、両者の綱引きは簡単に決着するはずもない。蔣介石は武漢を訪問したり、汪精衛の復職に賛同するなど、武漢との表立った決裂を避けつつも、江西・広東など左派(共産党)色の強かった地方党部の自派への刷新を進めていった。

左派・共産党の主導する武漢の国民党は、予定どおり三月に二期三中全会を開催し、蔣がその任にあった党常務委員会主席のポスト廃止、軍総司令の権限制限などの一連の措置をとった。党・政府の要職は左派(その内実は複雑で、実質的には国民党内の反蔣派の連合体といったほうが正しい)や共産党員によって占められ、なかでも労働問題や土地問題を扱う労工部長や農政部長といった閣僚クラスのポストには、はじめて中共党員が就任した。また、国共関係に関しても、国共両党の連席会議の設置が決定された。これは、共産党員が国民党員として活動した従来の「党内合作」が、中共の勢力の強い武漢においては、実質的に党同士の協議による「党外合作」へと転換しつつあったことを物語るものである。

革命軍、上海へ

農民運動・労働運動のうねりとともに長江流域まで拡大した国民革命の激しさは、武漢の漢口租界の実力回収という挙を生んだ。北伐の進展に伴い、長江流域に多くの権益を持つイギリスは、長江上流の万《ばん》県に砲撃を加える（一九二六年九月、万県惨《さん》案《あん》と呼ばれる）など、中国民衆との衝突を引き起こしたため、反英感情の激憤を招いていた。こうしたなか、漢口の英租界での反帝宣伝をめぐるトラブルが原因となり、一九二七年一月初めに猛烈な反英運動が起こると、遷都したばかりの武漢国民政府は、その勢いを借りる形で英租界臨時管理委員会を設置し、続いて租界を実力で接収したのであった。

その直後には、同様に九江《きゅうこう》（江西省）でも民衆と英租界当局との衝突が起こり、これに介入する形で国民政府は租界の接収を行った。国民政府の掲げる「革命外交」の前に、イギリスは漢口・九江の租界返還協定に調印、暫時屈服を余儀なくされた。租界の存在は、列強と中国との不平等体制の象徴であり、これが実力で回収されたことの衝撃は大きかった。世界の注目は、中国最大の租界を持つ上海へと移ることになる。

北伐軍がひたひたと上海に迫るなか、同地に権益と居留民を持つ列強は、続々と上海に軍を増派した。共同租界の実権を握るイギリスを筆頭に、アメリカ・日本・フランスなどからも計一万を超える部隊が派遣された。かくて、上海を流れる黄浦江《こうほこう》は各国海軍の艦船で埋め尽くされ、租界の境界は鉄条網と土嚢《どのう》で固められたのであった。当初、上海では、国内の動乱から切り離された「安全地帯」を目指す自治運動が展開されたが、北伐軍の破竹の進撃と反帝国主義の高揚の前に、運動は次第に上海特別市政府の樹立を目指す「革命運動」の色彩を帯びていく。

こうした緊張の中で発生したのが、三回にわたる武装蜂起だった。共産党がそれぞれ一九二六年一〇月、翌年二月に主導した上海蜂起は失敗に終わったが、蔣介石の直系部隊を中心とする第一軍が上海の目前まで迫る中で行われた第三回の蜂起(三月二一日)は、ゼネスト・武装蜂起と、それに続く二日間の市街戦の末、当時孫伝芳軍に代わって上海を支配していた奉天軍部隊を駆逐した。そして、蜂起の報を受けて北伐軍が上海入りした三月二二日、「上海特別市臨時政府」が樹立された。蔣介石も二六日に上海入りした。

南京事件と列強の対応

この時の「国際都市」上海はさながら「革命都市」の様相を呈していたといってよかったが、蜂起は上海の租界外で起こされたものだったため、列強の守備軍との衝突には至らなかった。懸念された衝突は、上海占領翌々日の三月二四日に、国民革命軍の第二・六軍(左派・共産党の勢力が強かった)が南京を占領したさいに起こった。孫伝芳軍を潰走させて南京に入城した国民革命軍の兵士と民衆が、敵軍の捜索と称して領事館や教会を襲撃し、外国人数人を殺傷したのである。漢口・九江の租界実力回収ののち、各地の民衆団体・工会などは、その勢いを駆って、上海などの租界をも即時回収するよう求めていた。南京での排外襲撃事件が組織的な命令でなされたことを示す証拠はないが、それが年初以来の

北伐軍の到来を控えて，上海租界の警備にあたるイギリス軍派遣部隊(1927 年 2 月．朝日新聞社)．

上海市街を示威行進する労働者武装糾察隊(1927 年 3 月．『中国共産党 70 年図集』)．

反帝感情・反帝運動の激化を背景にしたものであることは間違いない。

南京で襲撃事件が起こると、これへの報復として、英米の砲艦は南京城内を砲撃、多数の死傷者が出た。いわゆる「南京事件」である。この時、日本は領事館を襲撃され、死者も出ていたが、英米に同調することなく、自重の構えに徹した。中国への「内政不干渉」を掲げていた幣原喜重郎《しではらきじゅうろう》外相によるいわゆる幣原外交は、国民革命軍の勝利は阻止できないと考え、むしろ革命軍内部の穏健派・反共派との共同歩調を模索していたからである。最後通牒《つうちょう》を突きつけて国民政府に謝罪と屈服を要求しようとしたイギリスにたいして、幣原はそれが「穏健派」蔣介石の凋落《ちょうらく》と過激分子のさらなる跋扈《ばっこ》を招くと説くとともに、三月末には在上海日本総領事を通じて蔣介石側にたいしても説得を行った。列強からのこれ以上の非難を避けるためにも、南京事件の処理について誠意を示せ、そして共産党と速やかに手を切れと求めたのである。

これより先、南京事件の第一報を受けた蔣介石は、即座に日本の領事に急使を送り、自らが南京に赴いて事態の解決にあたることを表明し、続いて真相の徹底調査を行うこと、自軍に襲撃事件の責任がある場合は、自らが全責任を負って解決することを重ねて声明していた。また、日本側の説得に対しては、四月初めに国民政府内の過激分子の粛清《しゅくせい》についての考えを伝えた。日本は「革命外交」をちらつかせる武漢政府には強硬な姿勢で臨みつつ、蔣介石にはいわばシグナルを送って、その決断を迫ったわけである。蔣介石がこの事件の事後処理を通じて、列強諸国との関係修復・信頼構築をはかり、対外的に国民政府を代表する存在にのし上がっていったことを考えれば、南京事件は蔣の覇権確立における大きな転換点であった。

蔣介石とソ連

蔣介石は他方で、ソ連との関係維持にも注意を怠らなかった。かれは前年（一九二六年）秋に腹心の邵力子《しょうりきし》をモスクワに派遣したが、邵はコミンテルンでの演説で、「国民党は共産党とコミンテルンの指導のもとに、その歴史的役割を完遂する」と述べる一方、国民党がコミンテルンに常駐代表を置くような関係強化の希望を表明していた。これにたいして、ソ連首脳も、中国における民族統一戦線の維持と革命継続には、なおしばらく蔣介石の力を借りる必要があり、また国民革命の過度の反帝運動は帝国主義列強の武力干渉を招きかねないと懸念していた。コミンテルンが一九二七年三月末に、上海の中共にたいして、武力による租界突入の禁止を通達したり、蔣介石との衝突を避けるために労働者糾察隊が銃刀器を携行しないよう命じたりしたのは、そのあらわれである。

当時、蔣介石にたいして最も強硬な姿勢で臨んでいたのは、武漢の国民党とその顧問のボロジンである。北伐で威信を勝ち得た蔣が、中国で最も豊かな上海・南京などの江南地方を支配することは、虎が翼を得ることを意味し、かれが武漢を差し置いて列強と接触することを可能にする。そこで、武漢の国民党中央は、上海と南京を掌握するための人事処置をとるとともに、南京事件後の三月末には同地に駐留中の第六軍に密命を下して蔣の逮捕を企てた。だが、この企ては未遂に終わり、蔣介石は逆に、第六軍など左派系の軍(蔣の認識では、煽動によって南京事件を引き起こしたのは同軍の共産党員だった)を南京から移動させて、代わりに直系の第一軍を進駐させ、南京も掌握下に置いたのだった。そして、四月に入ると蔣は「現在、中共分子はデマを流して我々の団結を損なっている」「これ以上攪乱《かくらん》行為を続けるならば、何党であろうが何派であろうが、反革命だといわざるを得ない」と述べて、共産党に警告を発した。

はるかモスクワのスターリンは、奇しくも蔣介石がこの発言をした翌日(四月五日)に、蔣の反逆を予測・懸念する党内反対派の声を打ち消すべく、「我々に服従している右派となぜ今決裂せねばならないのか。……何だかんだ言っても、蔣介石は帝国主義者どもと戦っているではないか。……かれらは革命のために最後まで利用され、そして搾られたレモンのように捨てられることになるだろう」と演説して、中国情勢の見通しへの自信を示していた。だが、これから旬日もたたぬうちに、かれはこれが全くの見当違いだったことを思い知らされるのである。

形骸化する北京の政権

ここで時間を少しさかのぼり、目を北方に転じてみよう。国共合作下の国民政府が北伐を始めた一九二六年、北京政府では一年の間に五回も内閣(国務院総理)が代わっている。国家元首に相当する大総統や国会はもはや存在せず、政権が体をなさなくなりつつあることは誰の目にもあきらかであった。この年の三月、馮玉祥の国民軍と戦う奉天軍を日本などの列強が露骨に支援し、それに抗議した北京の学生デモ隊に政府軍が発砲したため、四七人の犠牲者が出た(三一八事件)。この責任をとる形で執政の段祺瑞が「引退」したのち、北京政府は奉天派と直隷派が連合して掌握することとなったが、短命続きの内閣は、時として閣僚すら揃わないありさまだった。

実はこの時期、中国はワシントン会議(一九二二一年)以来要求してきた不平等条約体制是正のための具体的な国際協議(一九二五年秋以降の北京関税特別会議、翌年初頭以降の法権調査会議)によ

スターリンが1927年4月8日に蒋介石に贈った肖像写真．自筆で「中国国民革命軍総司令蒋介石氏へ　国民党の勝利と中国の解放を記念して　スターリンより」と記されている(パンツォフ『ソ中関係秘史』露語)．

うやく入っていたのだが、政府がこの体たらくでは、協議が何らかの結論を見ることは難しかった。当初、中国の関税自主権を原則承認した関税特別会議は、段祺瑞の下野《げや》後も続けられたが、結局は流会となり、関税自主権や治外法権など不平等条約改正の課題は、将来の政権に委ねられることになる。北京を支配した張作霖は、一九二七年四月に北京のソ連大使館を強

制捜索してここに避難していた李大釗《りたいしょう》ら中共党員を逮捕・処刑したのに続いて、六月には安国《あんこく》軍《ぐん》政府大元帥に就任した。ここに北京の政府は「安国軍政府」というおよそ中央政府らしからぬ名称の政権となったのである。

当時の北京や天津の新聞も、一九二六年の前半あたりまでは、北京の政界動向や関税特別会議などの国際協議について、それなりの報道をしていたが、北伐がまたたく間に長江以南を席《せっ》捲《けん》すると、紙面はひたひたと北上してくる「不気味な革命勢力」をめぐる戦局の報道一色となっていった。当時の北方での国民革命軍に関する世評は、ソ連と共産党に操られて赤化した凶暴な軍事集団だというものであった。

一九二七年初め、当時天津に住まいしていた中国知識界の大物・梁啓超《りょうけいちょう》は、子女への書簡の中で、「北方の軍閥にはすでに末日が訪れている」としながらも、国民革命については、「一党独裁の局面では、誰もその先に光明を見いだすことはできない」と述べてそれへの警戒感をあらわにし、さらに南京事件のあとには、「蔣介石が共産党でないことは、現に充分証明されている。しかし、かれに共産党を制圧する力がどれだけあるのかについては、恐らくかれら自身ですら信じかねているのではないか。現在、上海ではまさに両派がくんずほぐれつの争いを繰り広げており、形勢は惨憺《さんたん》たるありさまだ。もし、共産党一派が勝利すれば、全国民は本当に死に場所すらわからないことになってしまう」「わたしはたぶん亡命しなければならないだろう」と書き送っていた。

当時、すでに政界を離れ、文筆生活に入っていた梁啓超は、長年、孫文らの革命運動とは因縁浅からぬ関係——主にはそれと対立する関係——にあったわけだが、その旧敵が共産党を巻き込み「一党独裁」によって天下をとったあかつきには、もはや自らの居場所はないはずだと半ば観念せざるを得なかった。かれら在来の民国知識人・政治家の目には、あきらかに異様、異質な時代の到来であった。

4　国共合作の崩壊

蔣介石の反共クーデター

上海蜂起と臨時政府樹立によって勢いに乗る共産党系労働者組織(上海総工会)と進駐してきた国民革命軍の対立が顕在化しつつあった一九二七年四月一日、汪精衛がモスクワ・ウラジオストックを経由して上海に帰国した。蔣介石・陳独秀といった国共の指導者と会談した汪は、五日に陳独秀との共同宣言を発表して、両党の友好関係を確認するとともに、蔣介石への信頼を表明した(汪はその後、間もなく武漢へ出立)。だが、蔣はこの時、すでに国民党右派系の監察委員たちと結んで、共産党弾圧を策動していた。

上海に戒厳令が布《し》かれていた四月一二日早朝、蔣の命を受けた腹心の白崇禧《はくすうき》(当時、総参謀次長）と第二六軍は、市内各所の労働者糾察隊の武装解除に乗り出し、抵抗する糾察隊には武力を行使した。租界当局側の記録によれば、この衝突による糾察隊側の死傷者は三〇〇人を数え、小銃三〇〇〇、機関銃二〇など多数の武器が押収されたという。糾察隊を束ねる上海総工会側は、ただちに武器の返還と総工会の保護を求め、翌一三日には第二六軍の暴挙に抗議し押収された武器の返還を求める労働者・市民がデモを行った。デモ隊にたいして、軍は発砲・虐殺で応じ、同時に左派・共産党系組織の解散を命じ、総工会を占拠した。四月一二日の強制武装解除に端を発する一連の反共弾圧（数百人が殺害されたという）は、上海クーデター、あるいは四一二クーデターと呼ばれる。

実は、蔣介石はこれに先立って、四月九日に所在地南京で左派系の集会を弾圧し、親共産系で占められていた江蘇《こうそ》省党部を襲撃するという小型の政変を起こしており、一一日には杭州《こうしゅう》でも同様の事態が生じていた。したがって、上海クーデターがまったくの突発事件であったというわけではない。だが、左派・共産党にたいする大がかりな弾圧を、世界の注目が集まる上海で断行したことの衝撃は極めて大きかった。蔣介石との衝突をある程度予期していた上海総工会や共産党組織も、蔣の先制の前になすすべを失い、クーデターとその後に相次いだ中共党員の検挙によって、壊滅的被害を受けた。また、広州でも同様の反共粛清が行われた。

クーデターは軍事力にのみ依拠していたわけではない。総工会の台頭による労働争議の頻発や武装糾察隊の脅威におびえていた大中の資本家・商工業者は、蒋に労使紛糾の是正、治安の回復を期待し、公債の引き受けをはじめとして、進んで援助を行った。上海の世論も、クーデターの残虐性を激しく非難する声がある一方で、蒋の処断を支持するものも少なくなかった。

租界近辺で上海総工会の集会場を包囲・捜索する日本の陸戦隊(1927 年 4 月). 列強も蒋介石の反共粛清を支持した(朝日新聞社).

戦前の著名な中国研究者である橘樸《たちばなしらき》は、蒋介石には批判的であったが、当時の状況を、民衆の間に蔓延する漠然とした「恐赤病」がもたらした一種の「輿論《よろん》の勝利であった」と解説している(『新天地』一九二七年六月号)。

このあからさまな行動により、武漢の国民党中央と南京の蒋介石との対立は決定的なものとなった。武漢側は四月一七日に蒋介石をすべての職務から解任し、さらに党からも除名したが、蒋は逆に南京にいた党の中央執行委員の支持のもとに、国民党中央政治会議と中央軍事委員会を組織し、一八日には南京に胡漢民を主席とする独自の国民政府を樹立するに至った。蒋の政変断行は、北京大学長も務めた蔡元培《さいげんばい》ら有力党員の賛同を得たものだったが、今や上海に閑居して形勢を観望していた元老格の胡漢民も、南京側についたのである。

蔣介石のクーデターと南京国民政府樹立は、武漢の国民党と政府を大きく揺さぶった。武漢の国民党は、クーデター直前の四月八日に南京への遷都を決議していたのだが、経済先進地の掌握をにらんだこの遷都計画は、あっけなく潰《つい》えてしまったのである。また、党の三中全会の決議「外交・財政・交通の統一」にもとづき、三月から財政部長の宋子文《そうしぶん》らの幹部を上海に派遣して党の統一的な支配を江蘇・浙江にまで及ぼそうとしていたのだが、それも実現不可能となってしまった。

武漢政権と汪精衛の苦境

武漢政権が蔣に対抗する指導者として期待を寄せたのは、四月一〇日に現地入りした汪精衛である。だが、「赤都《せきと》」と呼ばれた武漢で汪が見たのは、経済の窮乏と社会の混乱であった。元来、武漢は長江中流域最大の都市であり、交通の要衝ではあったが、直隷派統治以来の積年の財政破綻と紙幣濫発《らんぱつ》により、経済はどん底状態にあった。武漢政府が統一的な支配を江蘇・浙江などに及ぼすべく南京への遷都を行わんとしたゆえんである。だが、今や長江下流域と広東へのルートは南京派に抑えられ、その支配力の及ぶところ湖南・湖北の二省のみとなった武漢政府は、最低限必要な収入の一〇分の一しか確保できず、さらにその収入も借債と敵性資産の接収が九割に達するという窮状だった。

こうした事態に拍車をかけたのが、民衆運動によって崩壊してしまった社会秩序である。湖南・湖北での農民運動と労働運動は、北伐進展の陰の立役者ではあったが、革命によって噴出した大衆エネルギーは、当初それを援助・助長した共産党のコントロールさえ及ばないほどの「過火《ゆきすぎ》」となって、社会秩序を破壊するまでになっていた。農民運動は、政府が規定した地租制限という枠を突き抜けて、土地没収や地主への迫害が常態化し、食用米の流通を阻害するまでになった。都市部でも、賃上げと労働時間短縮を求めるストが続発した。当時、武漢で労働運動の指導にあたっていた劉少奇《りゅうしょうき》は、後年その模様をこう語っている。

〔労働者は〕企業を倒産させるという要求を掲げ、賃金を驚くべき水準に引き上げ、一方的に労働時間を一日四時間以下に短縮していた。勝手に人を捕まえ、法廷や監獄をつくったのみならず、汽船や汽車を臨検して交通を麻痺させ、工場や店舗を没収・分配していた。こうしたことは、当時にあってはごくありふれたことだった。労働組合は第一の政府であって、最も力があり、その権力は時として正式の政府を上回った。

こうしたなか、武漢政府は民衆運動の抑制に乗り出すとともに、「現金集中条例」（銀行の保有する銀貨幣の封鎖と新紙幣への切り替え）を実施するなど、なりふり構わぬ経済政策を打ち出したが、その効果もなく、武漢の社会混乱とインフレは進行し続けた。これは、南京・上海など南

国民党系の新聞に掲載された女性の断髪のイラスト(『民国日報』〔上海〕1927 年 1 月 1 日). 断髪は革命＝女性解放の象徴的行為であったが, 社会的, 政治的な摩擦を引き起こすことも少なくなかった.

武漢のメーデー集会に参加した武装糾察隊の女性たち(1927 年 5 月). 全員が断髪していることがわかる(朝日新聞社).

京政府の支配下にあった地域の物価が安定していたのと好対照をなした。ひとことで言えば、武漢政府は内部崩壊しつつあったのである。

国共合作の終焉

武漢政府支配地域での民衆運動の激化と無秩序への反応は、五月に入って相次ぐ軍の反乱となってあらわれた。こうした状況のなか、六万の党員を有するまでに成長していた共産党もまた、確固とした対応を打ち出せずにいた。コミンテルンが前年（一九二六年）暮れに打ち出した「非資本主義的発展」を武漢政府で忠実に実行すべきだとする者もいれば、同様にコミンテルンが求める国民党左派との合作維持のためには、国民党への譲歩は避けられないと主張する者もいた。コミンテルン代表たちの間でも、見解は分かれていた。

そこへもたらされたのが、コミンテルン決議（五月三〇日）の要約からなるスターリンの指示電報、いわゆる「五月指示」である（六月初めに到着）。それは、土地革命の断固実行、武漢政府と国民党の再改組、二万人の共産党員の武装、五万人の労働者・農民の国民革命軍への加入、反動的な武漢の将領の処罰など、国民党が到底受け入れるはずもない政策を、それも武漢政府を通じて左派と協同して実施するよう命じるものであった。そしてさらに意外なことが起こる。コミンテルン代表の一人ロイがこの指示を汪精衛に見せたのである。これは、汪に共産党との絶縁（分共）を決意させる絶好の口実を与えることになった。

この時のロイの行動は奇怪に映るが、さらに不可解なのは、汪がその内容を知ってから実際に分共に踏み切るまでに一カ月余りを要したことである。汪らが直ちに分共を決意しなかったのは、実は資金援助をはじめとするソ連の動向を見極めようとしたからだった。

ロイによれば、当初汪精衛は必要な援助がすぐにくることを条件に「指示」に同意していたという。「必要な援助」とは、いうまでもなくソ連からの資金援助である。この年四月初めに帰国するにあたり、汪精衛は三月にモスクワに立ち寄っているが、そのさいソ連の指導者は、かれに充分な援助を与えることを約束していた。その見返りとして、当然に汪もソ連・コミンテルンとの緊密な連携を保証したはずである。現に、四月に上海にもどって来たかれと接触した中共幹部は、「汪精衛の態度は大変すばらしく、政治思想は安定している。中共と協力していけるばかりか、社会主義制度建設に向かうことにおいても、かれはコミンテルンの考えに全面的に賛同している」と報告していた。ロイが汪を「(国民党)中央委員会内の唯一の左派」と考えて信頼し、その力を借りて事を運ぼうとしたのも、その意味では当然だったろう。

だが、約束の「必要な援助」はまったく期待はずれであった。武漢政府はその年の四月に二〇〇万ルーブルの援助を受けたのに続いて、六月半ばには一五〇〇万ルーブルの追加借款を求めたが、その下旬に届いた回答額は、ひと桁少ない二〇〇万ルーブルに過ぎなかったのである。武漢側が待ち望んだ「必要な援助」は、あまりにも遅く、あまりにも少なかった。そしてその間、武漢側が頼みとした馮玉祥(当時、武漢政府支配地域の北方に進出していた)は、汪ら武漢側との会談(六月一〇～一一日)、蔣介石ら南京側との会談(六月二〇～二一日)を経て、武漢側に蔣との協力と労農運動の抑制を求めていたのだった。かくて、七月一五日の国民党中央の会議で汪精衛は「五月指示」を「暴露」、会議は党・政府・軍の共産党員の職務停止を決定し、ここに第一次国共合作は終わりを告げたのである。

第2章　南京国民政府

権力を握りつつある蒋介石を風刺した漫画．「拳」と「権」が同音であることを踏まえて，かれが「大きな拳」＝「大権」を握っていることを暗示している（『上海漫画』第75期，1929年）．

1　南京国民政府の北伐再開

共産党にとって、上海クーデターに続く武漢の分共決定は、革命運動の失敗・敗北を意味したが、「国民革命」はこれによって潰えたわけではない。

「分共」後の国民党の混迷

国民党からすれば、革命の妨害者であった共産党を徹底排除したことによって、南京・武漢の亀裂を修復し、本来の革命を再開できるということになる。その意味では、武漢の汪精衛にせよ、南京の蔣介石にせよ、かれらがその後もあくまで自らを「革命派」と考えていたことには、注意をしておいてよい。ただし、国共合作体制のもとで、最も積極的に基層の活動を担った共産党員が党外に去ったことによって、国民党が相対的に基層組織の弱い幹部中心型政党にもどってしまったことは否めなかった。共産党に代わってその国民党を支えたのは、北伐の過程で帰順した諸軍を含む党軍と上海を中心とする都市部の商工業者・民族資本家たち、そして治安の回復と早期の中国統一を願う世論であった。

武漢分共の後、国民党の武漢側と南京側は、党の再統合に向けた交渉を開始したが、経済力・軍事力で相対的に優位に立つ南京側と蔣介石の下野に固執した武漢側との溝は、容易には埋まらなかった。その後、蔣の率いる北伐軍が徐州での戦いで孫伝芳軍に予期せぬ敗北を喫したことも手伝って、蒋は周囲の説得を受け入れて「下野」を宣言（一九二七年八月）、これを受けて国民党の最高機関として中央特別委員会が九月に発足した。これによって、年初以来の分裂を一挙に修復しようというわけである。だが、事前交渉で自らの正統的地位に難色を示された汪精衛はそれを不満として「引退」を表明、中央特別委員会は開催されたものの、蒋汪両巨頭という重みを欠いたため、ほとんど何も決められないまま、分裂と抗争を繰り返し、結局同年末に解散することとなった。

ちなみに、蒋の「下野」にせよ、汪の「引退」（かれの「引退癖」は有名である）にせよ、端的にいえば、それらは政治的駆け引きの手段に過ぎないのであって、事態の変化による復職要請があり次第、いつでも再登場するという含みが残されているのである。

蒋介石の訪日と田中内閣

下野を表明した蒋介石は、一九二七年九月末に私人の資格で日本を訪問した。「日本の政・軍指導部に今後の北伐継続にたいする本音を質《ただ》す」というのがその大きな目的だった。私人とはいえ、かれが当時の中国における最高実力者の一人であることはあきらかであり、はたして日本の多くの要人と精力的に会見している。なかでも最も重要なのは一一月五日の田中義《ぎ》一《いち》首相との非公式会談だった。幣原外交の「軟弱」ぶりを攻撃して政権の座についた田中は、いわゆる「田中外交」をとって国民革命に露骨に介入したことで知られている。田中は、反共を掲げる蒋や南京政府には高い評価をしており、会談前には蔣の関内《かんない》（長城の南側）での覇権を容認し、張作霖を東三省《とうさんしょう》（黒龍江《こくりゅうこう》・吉林《きつりん》・奉天〔遼寧《りょうねい》〕）の三省、いわゆる「満洲」）の統治に専念させることで国民革命軍との衝突を回避させるという構想を持っていた。だが、会談で田中は、日本の関心は満洲の治安維持にあるだけで、張を支援する意図はないとしつつも、北伐を急がずにまず長江以南を固めることを繰り返し求めたのだった。蔣は、北伐をしなければ国民政府がもたないこと、国民革命は列強の利益を守ることにつながることを訴え、日本がかつてのソ連のごとくに北伐を援助してくれるよう要請した。「ソ連のごとくに」と述べた蔣は、それに続いて「革命党たる自分がこのような言をなせば、売国奴として国民の怨怒《えんど》を招く」ことは承知しているとまで踏み込んだが、田中は結局ハッキリとした言質《げんち》を与えず、二時間にわたった会談は、具体的な合意のないまま終わったのであった。蔣は翌年に、田中が「南方に専念せよ」と語ったことの意味を知らされることになる。

ところで、対中国武断強硬策として知られるいわゆる田中外交は、実態としては政権内外の硬軟両派の調整と一貫性を欠いたものだったことが、近年指摘されるようになっている。だが、中国から見た場合に、後述する済南《さいなん》事変や張作霖爆殺事件など田中の首相在任時に起こった一連の対中国干渉政策が、中国側の反日感情を決定的なものにしたことは疑う余地がない。中国で田中義一といえば、中国への侵略意図を露骨に表明したいわゆる「田中上奏文」なる怪文書が常に話題にされるが、一九二九年に捏造《ねつぞう》されて以来、主に中国で、長きにわたってそれが本物だと信じられたことは、田中外交を挟んで日本の対中政策が大きく変わったという実感が、中国側に広く共有されていたことを逆の面から示しているだろう。

約四〇日にわたった訪日(かれがその後日本を再訪することは、ついになかった)で、蔣が得た成果の一つは、有馬温泉に湯治中の宋美齢《そうびれい》の母親を訪《おとな》って、美齢との結婚の許可を得たことだった。宋美齢はいわゆる宋家の三姉妹の末妹で、孫文夫人の宋慶齢《そうけいれい》(国民党の反共方針には反対していた)の妹にあたる。つまり、この結婚によって、蔣介石は孫文の義弟という大きな政治資本を得たのであった。加えて、美齢の兄が国民政府財政部長の宋子文《そうしぶん》であり、長姉宋靄齢《そうあいれい》が孔祥《こうしょう》熙《き》(間もなく同工商部長に就任)夫人でもあるという関係を考えれば、この結婚の意味は大きい。宋美齢との挙式は帰国後の一二月に行われ、これを機に蔣はやがてキリスト教に入信することになる。宋家側の強い希望であった。ちなみに、生前の孫文もキリスト教信者であり、西洋諸国のかれらに対する好印象には、その信仰に少なからずあずかっているといわれる。

北伐軍、北京へ

帰国した蔣介石は、翌一九二八年一月に国民革命軍総司令に復職、次いで二月に党の軍事委員会主席、三月には中央政治会議主席をも兼務した。蔣・汪という巨頭を欠いて、紛糾に明け暮れた国民党への満を持した完全復帰である。むろん、前年以来の党内反蔣勢力が消え去ったわけではなかったから、かれは党人派には硬軟両様の態度で臨みつつ、主として国民革命軍を構成する有力軍人を懐柔し、北伐再開という軍事作戦によって求心力を獲得しようとした。

国民革命軍は四つの集団軍に再編され、蔣自らの率いる第一集団軍以外の三集団軍には、それぞれ馮玉祥《ふうぎょくしょう》（第二集団軍）、閻錫山《えんしゃくざん》（第三集団軍）、李宗仁《りそうじん》（第四集団軍）が司令に任じられた。さらに、馮・閻・李の三人には、開封《かいほう》（河南《かなん》）、太原《たいげん》（山西《さんせい》）、広州（広東）というかれらの地盤に設けられた党の政治分会主席の地位も与えられた。こうして、軍人集団の協力体制のもとで、四月に北伐が再開されたのである（第二次北伐）。北伐再開にあたっては、絶対に排外行動をとらず、外国人の生命財産は厳重に保護することが声明された。

北方には張作霖を中心に、孫伝芳・張宗昌《ちょうそうしょう》らの残存部隊約二〇万がいたが、今や六〇万にふくれあがった北伐軍の敵ではなかった。士気の低い北軍は、北伐軍の攻勢の前に、すべての戦線で敗走し、張作霖も六月初めには北京を脱出した。こうして、北伐軍は六月八日に北京に無血入城し、国民党の党旗である「青天白日旗《せいてんはくじつき》」を掲げた。従来の中華民国国旗は、紅・黄・藍・白・黒の五色（漢・満・蒙《モンゴル》・回《ムスリム》・蔵《チベット》の五族を象徴）を配したいわゆる「五色旗」であったが、これが孫文が制定したとされる新しい旗に変わったのである。のちに、国民政府は、紅地の左上隅に国民党のシンボル「青天白日」を配した青天白日満地《まんち》紅旗《こうき》を、中国の正式の国旗とすることになる。新たなるナショナル・シンボルの登場であった。

北京・天津の平定を受けて、六月一五日、国民政府は北伐と全国統一の完成を宣言、次いで七月初め、蔣介石は馮玉祥・閻錫山・李宗仁らを伴い、北京で客死した孫文の眠る西郊の碧雲《へきうん》寺《じ》に赴き、その霊前に北伐の完成を報告した。南京が首都であることを示すための措置として、旧来の直隷省は河北《かほく》省に、北京は北平《ほくへい》にそれぞれ改称された。その前年、一時は亡命すら考え

五四運動の時期(1919 年)の上海の繁華街. 掲げられている旗は, 当時の国旗(五色旗)である(『館蔵革命文物選編』).

国民革命軍によって占領された北京には, 国民党の党旗である青天白日旗が掲げられた(1928 年 6 月. 朝日新聞社).

た梁啓超《りょうけいちょう》は、北平の旧政府系機関が次々に接収されていく様子を「新しい軍閥はそれぞれ勢力の拡張に懸命」と冷ややかに見ていたが、自身の境遇(天津のイタリア租界に居住)については、「このたび北京や天津は予想外に平穏で、とにかくまあ結構なことだ。……租界はたいへん居心地がよい」と、子どもたちに書き送っている。かれが恐れた迫害や租界の実力回収は結局起こらず、わずか一年で、それらは遠い過去の悪夢になりつつあった。

従来の北京政府の崩壊は、それまで直接・間接にその禄をはんでいた多くの官僚・官員たちの失業を意味した。もっとも、中央・地方の政府系機関のトップはともかく、現実問題としては大小の部署をすべて国民党系官僚によって埋めることは不可能であった。また経済や外交といった実務を担当するポストも、ある程度の継続性や専門性が必要とされたため、旧来の人材が横滑りする例も珍しくなかった。とりわけ外交官、例えば国際連盟における中国代表として活躍した顧維鈞《こいきん》らはその典型である。北京政府がはたすことのできなかった外交課題のいくつか、例えば不平等条約の改正問題などは、それを担当した外交官ともども、修約外交(交渉を通じた条約改正)の継続という形で、国民政府に引き継がれていくことになる。

済南事変

第二次北伐のさなかに、その後の中国と日本の不幸な歴史の予兆ともいうべき二つの血なまぐさい事件が起こっている。済南事変と張作霖爆殺事件である。

北伐が再開され、国民革命軍が山東省に入ると、田中義一内閣は「居留民の保護」を名目に、第二次山東出兵を行い、一九二八年四月に第六師団を派兵して省都済南に向かわせた。第二次というのは、その前年六月にも一度派兵しているからである。前年の山東出兵は、当時まだ対中強硬政策をとっていたイギリス・アメリカの同調を得たものであり、また北伐がいったん停止されたこともあって、日中両軍の衝突という事態にまでは至らなかった(八月末に撤兵声明)。むろん、出兵という暴挙によって、中国の反日世論は沸騰したが、このたびの派兵はそれに構うことなく、さらに兵力を五〇〇〇に増強して強行されたのであった。

出兵の口実は、前年と同様に、二〇〇〇人に満たない済南居留民の保護であったが、注意すべきは、それが条約的根拠のない出兵だったということである。つまり、従来のイギリス・日本など列強の対中出兵は、不平等条約とはいえ、条約上の根拠を何とか主張できる出兵であったのにたいし、この山東出兵は、単にそこに日本人居留民がいるというだけの土地に、その保護に名を借りて行われたのである。

四月末に日本軍の先遣隊が済南に到着し、続いて北伐軍も入城した。五月三日に小紛争から始まった両軍の軍事衝突にたいして、日本は現地軍の拡大要請(「南方を膺懲《ようちょう》するまたとなき好機なり」)と軍中央の強硬方針(「支那との停戦は国軍の威信を顕揚《けんよう》し、過因を根絶するがごとき条件なるを要す」)が相呼応する形で臨んだ結果、八日にはついに日本側の本格攻撃となり、砲撃によって済南市街の中国側軍民三〇〇〇人以上が死傷するという大惨事となった。中国軍が衝突回避を

済南を占領し，城門で万歳をする日本軍部隊．楼閣は日本軍の砲撃により，無残に破壊されている(1928 年 5 月 11 日．毎日新聞社)．

優先して撤退・北上したため、済南は日本軍の占領するところとなり、その後さらに増派された日本軍によって、山東鉄道の沿線地域がほぼ一年にわたって占領された。

済南事変は、日中関係はもちろんのこと、東アジアをめぐる国際政治でも大きな転換点となった。すなわち、第一に、それまでイギリスを主要敵としてきた中国の反帝運動が、明確に日本を標的とするようになったこと、第二に、蔣介石らの対日感情を決定的に悪化させたこと、そして第三に、第一次山東出兵には同調的であった英米両国が、国民政府に接近する立場から、日本に批判的になったことである。また、済南事変は、出先機関（現地軍）が事件を拡大・激化させ、それに軍中央・政府が追従して軍増派を行い、それを「暴支膺懲《ぼうしようちょう》」（乱暴な中国に懲罰を加える）を叫ぶ世論が後押しするという一連の呼応関係の面からいっても、のちの日本の対中国侵略行動パターンをすべて備えたものであった。一九三一年の満洲事変から日本の敗戦までを日中十五年戦争と呼ぶことがあるが、国民革命・国家統一への武力干渉という戦争の主目的やその発生形態からするならば、この事変はのちの戦争の予行演習であったということも可能であろう。

直後に撮影されたとみられる張作霖爆殺事件の現場写真．爆薬が仕掛けられたガード部分は崩落し，列車は見る影もない(毎日新聞社)．

「満洲某重大事件」

済南事変の直後、日本は北京と南京の両政府に対し、「戦乱京津（北京・天津）地方に進展し、その禍乱満洲に及ばんとする場合は、帝国政府としては満洲治安維持のため、適当にして且《か》つ有効なる措置をとらざるを得ざることあるべし」と通告、南北両軍が交戦状態のまま東三省に入った場合には、両軍の武装解除を求めるとして、さらなる干渉の用意のあることを示した。満洲権益保護を第一とする方針である。

国民政府は、これを内政干渉と非難しながらも、張作霖軍が東三省へ撤退するのなら、原則それを追撃しないという考えを日本側に伝えた。また、張作霖も悪あがきせず奉天（現・瀋陽《しんよう》）へ撤退するむねを日本側に伝え、はたして六月三日に特別列車で北京を離れた。ところが、翌四日早朝、列車は奉天に到着する直前に爆破された。

張はその日のうちに死亡、爆殺事件は関東軍高級参謀河本大作《こうもとだいさく》らによって仕組まれた謀略だった。爆破事件を突破口にして満洲問題の局面打開をはかろうとした関東軍による自作自演のこの事件は、真相追及を天皇に言明した田中首相が、陸軍に抵抗されて真相公表を断念(その結果、天皇の譴責《けんせき》をうけ辞職)したため、日本では「満洲某《ぼう》重大事件」として秘匿された。一方、中国の新聞では、この事件を日本の謀略とする報道・論評が相次いだ。日本が用済みになった軍閥を始末したとみたのである。

張学良の「易幟」

爆殺事件が起きたとき、息子の張学良《ちょうがくりょう》(当時二七歳)は北京にいたが、父の死を知ると日本側に知られぬよう変装して奉天に戻り、迅速に後継体制を整えた。その間の十数日、張作霖死亡の事実は伏せられ、六月二一日になってようやく「本日逝去」と発表されたのだった。張学良もまた父の爆殺が関東軍によるものであることを確信していたが、当面日本を刺激せぬよう注意しつつ、国民党と手を結ぶ道を選んだ。かねてから、中国の国家的統一と民族的独立を強く意識していたヤング・チャイナとしては、当然の選択だったであろう。東三省保安総司令に就任した七月初めには、早くも国民党側に「統一を阻止する意図はまったくない」と打電し、部下を蔣介石のもとに派遣して合流の条件を交渉させている。

日本側は、張と国民党の接触に神経をとがらせ、硬軟織り交ぜて圧力をかけたが、張はそれに屈せず、この年の暮れ一二月二九日に「易幟《えきし》」を断行した。「易幟」とは旗印を替えること、すなわちここに東三省にも「青天白日旗」が一斉に翻《ひるがえ》ったのである。「易幟」は国民政府を中国の正統政権と認めることを意味する。国民政府はこれに応えて張を東北辺防軍司令長官に任命、さらに東北における国民党の活動を制限し、東北政権の内政には干渉しないという条件を承認した。また、これと引き換えに、東三省にかかわる外交権は国民政府が掌握することになった。かくて、商租権や鉄道問題など、いわゆる「満蒙諸懸案」をもっぱら東北政権と交渉して解決するという従来の日本の外交方針は、行き詰まりが明白となったのである。この行き詰まりの打破の仕方を、我々は一九三一年に見ることになるだろう。

2　統一と国家建設

国家統一と対外関係

東三省の「易幟」により、中国は国民政府によって統一されたということになるが、南京国民政府が安定した政権となるためには、諸外国の承認を得る必要があった。南京事件・済南事変など、北伐の過程で持ちあがった外交案件は、多くが充分な解決をみておらず、国民政府としては、それらを「帝国主義の一掃」「不平等条約撤廃」という国民革命の理念にもとづいて処理せねばならなかったのである。

北伐が北京の占領によって基本的に完了した時、国民政府は「革命外交」の旗を降ろしてはいなかった。中国外交の先頭に立ったのは、一九二八年六月、すなわち済南事変の直後に新外交部長に就任した王正廷《おうせいてい》である。王は七月七日に、積極的に不平等条約の撤廃を進める声明を発表、「旧条約が満期を迎えていながら新条約が締結されていない場合は、別に定める臨時辦法《りんじべんぽう》によって全てを処理する」と述べ、国民政府が失効と見なす条約に代えて、中国側が定めた原則を適用するとした。そして、日本に対しては、一八九六年に結ばれた日清通商航海条約などがすでに満期を過ぎているという見解を示して、それら条約の破棄を通告したのであった。日本側はこの「革命外交」に猛反発した。

だが、国民政府のこの時の対外施策は、その言辞こそ強硬であったが、かつての漢口・九江租界回収に見られたような「革命外交」とは異なり、柔軟な対応を内に含んだものだった。それをすばやくとらえて反応したのはアメリカである。国民政府、なかんずく蔣介石政権による統一とその安定が、自国の利益に合致すると考えていたアメリカは、七月二五日に新たな米中関税条約に調印して、中国の関税自主権を認めた(一一月には国民政府を正式承認)。ウィルソン大統領の「十四カ条の平和原則」以来、中国の対米感情はおおむね良かったが、この挙によってアメリカの株はさらに上がったのだった。イギリス・フランスをはじめとする主要各国も、その後一九二九年の末までに相次いで関税条約の改正に応じ、国民政府は国際的にも中国を代表する政府として認められたのである。

関税自主権の回復が順調に進んだ要因としては、主要国から好意的な対応を引き出す国民政府側の柔軟な外交交渉があったことも指摘しなければなるまい。すなわち、協定の早期締結を優先した国民政府は、保護関税の対象品目・税率設定といった具体的な点で、実際にはかなりの譲歩を約束していたのである。ともあれ、関税自主権の回復は、外交上の大きな成功であっただけでなく、新関税率の実施によって国民政府に安定した財政基盤を与えることとなった。

対日関係

他方、日本との条約交渉は大きく遅れた。これには、済南事変の事後処理の紛糾が大きく影を落としている。済南を焦土とした日本側が賠償を求めるような態度を崩さないとあっては、交渉が長引くのは必然であった。また、関税自主権を回復したあとに、中国側が保護関税を設定するであろう品目が、綿布・雑貨など日本の主要輸出品目と重なることも、日本側の消極的対応の要因であった。そして、それを後押ししたのが中国ナショナリズムにたいする無理解と「暴支膺懲」の世論に集約される中国への侮蔑意識である。

国民政府を日本が承認したのは、済南事変の解決文書の調印(一九二九年三月)を受けて山東省の日本軍が撤退した後の一九二九年六月のことであった。また、中国の関税自主権を認めた新たな関税協定の正式締結は、さらに一年近くもたった一九三〇年五月まで遅れ、その間、いわゆる最恵国待遇があったため、中国がほかの諸国と締結した新関税協定は、実質的に実施できなかった。独り日本がそれを阻害した形になったわけである。

日中新関税協定が締結されて間もなく、日本の外交文書にちょっとした、あるいは見方によってはかなり大きな変化が生じた。協定文書の日本文において、日本は中国を、従来どおり「支那《しな》共和国」「支那国」と表記していたのだが、こうした呼称に反発する中国側の感情に配慮する形で、「中華民国」という正式呼称への切り替えが起こったのである。日本の外務省は一九三〇年六月に、公文書における「支那」の呼称に関する調書を作成、その後、日中間だけでなく、日本と第三国、あるいは日本国内の公文書についても「中華民国」を使用するむねを方針として示し、この方針が、一〇月末の浜口雄幸《はまぐちおさち》内閣(幣原外相)の閣議決定となったのだった。中華民国が成立して一九年目のことである。

ただし、これで政府公文書での「支那」の使用が全て改められたわけではないのは、のちの戦争が「支那事変」と正式呼称された一事からもあきらかであろう。民間における「支那」の呼称が、中国への侮蔑意識とともに、残り続けたことは改めていうまでもない。

対ソ関係

国民政府にとって、日本と並んで手ごわい存在だったのが、同様に東北(とりわけ黒龍江省)に権益を持つソ連である。国共合作時代の友邦ソ連は、帝政ロシア以来の権益、特に中東鉄道(シベリア鉄道の中国領通過部分)の経営権を保持したままであった。国民革命以前にあっては、主に張作霖との交渉を通じて、中国側と同鉄道の共同管理にあたっていたのだが、国民政府とソ連の関係が一九二七年を境に悪化し(この年の暮れに共産党が広州で起こした蜂起にソ連の領事館がかかわっていたため、国民政府は国交断絶を宣言)、さらには張学良の「易幟」によって東三省が国民政府の支配下に入ったため、「革命外交」は「赤い帝国」ソ連の権益回収へと動き出した。

張学良の東北軍にたいし，国境要地の満洲里に迫ったソ連赤軍の砲撃(1929年10月．毎日新聞社)．

一九二九年五月、国権回復を掲げる張学良は、ハルビンなどのソ連領事館・中東鉄道機関が共産主義の宣伝を行っていることを理由に、それらを一斉に強制捜索し、さらに七月には鉄道の実力回収に踏み切った。蔣介石・王正廷ら南京国民政府首脳の同意を得た上での行動である。だが、ソ連側の抵抗は、張・蔣の予測を超えるほど強硬なもので、両者の対立は八月の国境での武力衝突から、九〜一一月に至ってついにソ連軍の東北侵攻・軍事衝突(奉ソ戦争と呼ばれる)へと発展した。かつて北伐軍の顧問をつとめたブリュッヘルの率いるソ連軍の前に、張学良軍は大敗を重ね、ついに一二月にはハバロフスク休戦協定が成立、中国側が屈服する形で戦いは終わった。中東鉄道は再びソ連の支配下に置かれ、ここに張学良と国民政府の国権回復の目論見はあえなく潰えたのだった。

世界の注目の中で起こったこの中東鉄道事件は、その後の東北情勢や中ソ関係に大きく影を落とした。すなわち、この事件によって中ソの国交回復が大きく遅れたことは、奉ソ戦争で印象づけられた「東北軍は弱兵なり、ソ連軍は存外強兵なり」という日本側の認識と相まって、のちの「満洲事変」の時代背景のひとつとなっていくのである。ちなみに、ハバロフスク休戦協定後にソ連軍は中国領内から撤兵したが、中ソ国境の黒龍江(ウスリー川)上のいくつかの島はその後もソ連によって占拠され続けた。奉ソ戦争敗北のツケともいえるこれらの島(例えば、黒瞎子島《こくかつしとう》)の帰属問題が最終的な解決を見たのは、実に二〇〇八年のことである。

軍政から訓政へ

北伐の完成と東三省「易幟」によって、南京国民政府は孫文の念願であった全国統一をなしとげたわけだが、次なる内政の課題はこの統一国家の運営体制を、これまた孫文が生前に「建国大綱」で定めた順序に従って「訓政《くんせい》」へ、さらには「憲政《けんせい》」へと変えていくことになるはずだった。「訓政」とは、北伐に代表される戦時体制(軍政)から憲政への過渡期として想定されているもので、国民に憲政(民主政治)についての訓練をほどこす時期である。その時期には「党を以《もっ》て国を治む」、つまり先知・先覚者たる国民党が国民政府を通じて国政を代行することが予定されていた。当然に、国民の投票による国会は開かれず、国民の民主的権利は制限されることになる。党が政府を代行する、あるいは党と政府が一体化した国家体制は、一般には「政党国家《パーティ・ステート》」体制(中国語では「党国」体制)と呼ばれる。

国民党の「党国」体制構想は、共産主義革命の過渡期に「プロレタリア独裁」(実態としては共産党の独裁)を措定するロシア共産党流の体制構想に近いものであるが、国民党の場合には、革命の聖人たる孫文の遺教・遺徳の至高性(および一般民衆の政治的成熟度の低さ)をもって自党の権力正統性の証にするというロジックが付け加えられていた。一九二八年以降、孫文が国民党員に残した「遺嘱《いしょく》」の暗誦が党外の人々にも強制されたり、新「国歌」の代用として国民党の「党歌」(歌詞は孫文の国民党員への訓辞)が用いられたりしたが、それらは訓政支配が孫文思想によるイデオロギー的統制と表裏をなしていたことを示す見やすい例である。

国民政府の統治下に入った北京(北平)の天安門には，孫文像が掲げられた(1928 年)．この場所にはその後，蔣介石，毛沢東の肖像が掲げられることになる(朝日新聞社)．

　孫文の遺教に名を借りたこうした訓政原理は、当然のように知識人には不評だった。「上帝(神)なら否認することもできるが、孫文は批判することが許されない。礼拝ならせずに済むが、総理遺嘱は唱えないわけにはいかない」。これは、「訓政」ではなく「憲政」のもとでの政治訓練こそが大事なのだという考えを持っていた、民主派の代表的論者胡適《こてき》の一九二九年当時の言葉である。国民党の幹部の中には、こうした孫文への「誹謗」をやめない胡適の検挙や公民権剝奪を行えと激昂する者もおり、胡の文章を掲載した雑誌『新月《しんげつ》』は、実際に発禁処分を受けるほどであった。もって当時の思想統制の厳しさが知れよう。

訓政時期約法

訓政体制は、一九二八年一〇月に国民党が「訓政綱領」を発表し、翌年春の国民党第三回大会で正式承認されたことでスタートした。訓政の期間は六年である。訓政とはいえ、国政に民意を反映させる場を設け、体制を法的に保障する仕組みをつくることは、国民の政治参与育成を謳う訓政の理念からすれば当然であった。そのために設けられたのが、全国の職能団体や国民党自らの指名する代表からなる「国民会議」であり、また訓政時期の基本法となる「訓政時期約法《やくほう》」である。蔣介石の主導のもと、一九三一年五月に招集された国民会議は、蔣が就任することになる国民政府主席・行政院長に大きな権限を与える「訓政時期約法」を採択した。これで訓政体制の骨格が表向き固まったことになる。

訓政時期約法は、表面的に見れば、党の優位性を前面に押し出した「訓政綱領」に比べて、政府の役割を相対的に高めたものになっており、また国民の権利に関する条項を設けるなど、将来の「憲政」に向けた内容を持つものだった。だが、肝心の国民党の党内事情は、党による支配体制がいちおう保障されれば、それで皆が納得するというような単純なものではなかった。

むしろ、「党権」が強いがゆえに、その権力をめぐる争いは、「訓政」理念・孫文思想理解の正統争いの様相を呈しながら、逆に激化したのである。

特に、国民党をチェックする機関はどこにもないという訓政期の特徴ゆえに、国民党中央から排除された党内反対派は、民主的手続きによって異議を申し立てることが困難となり、時としてかれらが別の国民政府を南京以外に立ち上げて抗争するという事態を生み出した。実は、先の「国民会議」や「訓政時期約法」にしても、それらが生み出されるまで、あるいは生み出されて後も、蒋介石の独裁的指導体制の確立をめぐる深刻な党内亀裂を経ているのである。

国民党の内紛

一九二八年から三〇年代初めの党内対立は、「訓政」体制の具体的方策をめぐって蒋介石と相対立する汪精衛・孫科《そんか》・胡《こ》漢民《かんみん》ら文人政治家による「理論闘争」が、軍事問題で蒋と利害を異にする軍事指導者（李宗仁・馮玉祥・閻錫山・李《り》済深《さいしん》ら）各派と複雑に結びつき、その結果、革命理念の相違にもとづく理論対立がしばしば軍事衝突にまで発展するという形で展開した。国民革命軍各軍は、北伐の過程で旧軍閥軍を改編・吸収した結果、二〇〇万以上に膨れあがっていた。その削減問題は、危機的な中央財政の立て直しという面から迫られていた課題であると同時に、軍の一元化による統一国家の実現という面でも避けては通れない課題だったのである。むろん、地方軍の削減と軍権の統一は、地方の軍事指導者にとっては死活問題であったから、事はすんなり決着するはずもなく、かれらは他の地方軍や蒋介石以外の国民党派閥と合従連衡しながら中央政府に強く抵抗した。

一九二九年から三一年にかけて相次いだ蔣介石と反蔣各派の抗争は、「国民党の新軍閥混戦」とも称されるが、それぞれ一九三〇年と三一年に起こった反蔣運動は、政府の分立という事態にまで至る大がかりなものだった。一九三〇年の抗争は、それまでに蔣介石に屈した馮玉祥・閻錫山・李宗仁らが、汪精衛ら「改組派」と組んで起こした大規模な反蔣連合運動である。「改組派」とは、汪精衛・陳公博《ちんこうはく》を中心とし、民衆運動の推進などの方針の継承を主張するグループで、『革命評論』を発行して青年党員の支持を集めていた。この反蔣運動は、五月から約半年間にわたって華北での大規模な内戦(中原大戦《ちゅうげん》)に発展した。内戦のさなかの九月には、閻錫山を主席に、汪精衛・馮玉祥・李宗仁らを政府委員とする「国民政府」が北平に樹立されている。かれらはさらに「訓政に名を借りて専制を行う」蔣介石に対抗するための国民会議の開催と約法(制定された地名にちなんで「太原約法」と呼ばれる)の制定をはかった。

この中原大戦は、双方合わせて一〇〇万の軍を動員、三〇万の死傷者を出すほどの激戦を繰り広げ、蔣介石側が窮地に追い込まれる場面もあったが、戦局の帰趨《きすう》を握るとみられた張学良の蔣介石への支持表明(九月)とそれに続く東北軍の関内進駐によって、急転直下蔣派の勝利に終わる。この内戦の結果、馮玉祥らの軍は蔣・張に吸収され、蔣介石の実質的支配領域は、河南・湖北・湖南の諸省へと拡大、南京政府の勢威は格段に強まった。また、張学良も北平・天津を支配下におさめ、一〇月には国民革命軍の陸海空軍副司令に就任し、軍事面において蔣に次ぐナンバーツーの地位を獲得した。他方、前項で述べたように、蔣介石は中原大戦での勝利を受けて、国民会議の開催と訓政約法の制定を提案するに至るが、それは軍事的勝利の一方で、反蔣派が突きつけた政治要求を、かれとしても無視することができなかったことを示しているだろう。

広東派の抵抗

蔣介石主導のもとでなされた国民会議の開催と訓政約法の制定にたいしては、すぐにまた党内から反対の声があがった。反対者は党の元老格で立法院長の胡漢民である。胡は「訓政」自体についてはそれを積極的に擁護していたが、それが蔣介石の個人独裁につながる「約法」という形をとることに強く反発したのであった（理由は晩年の孫文が訓政期の約法制定を主張していなかったというもの）。これにたいして、約法の制定を急ぐ蔣介石は、一九三一年二月に胡を軟禁、南京の湯山《とうざん》に幽閉した上で、立法院長の職を剝奪してしまった。この年五月の訓政約法は、こうした暴力による反対派抑圧を経たのち、国民会議でのわずか三日間の審議だけで可決されたものだったのである。

胡漢民幽閉事件で国民党の内紛は再び激化した。四月以降、反蔣派の汪精衛・孫科・李宗仁らが胡漢民派の牙城である広東に集結し、五月には広州で新たなる「国民政府」の樹立が宣言された。その前年、北平「国民政府」を立ち上げて蔣に敗れた者たちと孫・胡派の大連合であ

国民党の文治派巨頭たち．左から孫科，胡漢民，汪精衛(1931 年 10 月，上海で．『中国近代珍蔵図片庫　蒋介石与国民政府』)．

る。胡の釈放と蒋の下野を求める広東派は、その後九月に軍を北上させ、南京側との全面衝突も辞せずとの強硬姿勢を示した。だが、この時にもたらされたのが、満洲事変勃発の報であった。日本の東北侵略を前に仲間割れをしているべきではないという世論のもと、両派の調停がはかられ、蒋介石の下野を条件に広東派が南京「国民政府」に合流することになった。かくて一九三二年一月には、孫科を首班(行政院長)とする新体制がスタートしたのである。

蒋汪合作体制

孫文の長子たる孫科の担う政権は、孫文の「遺教」実現を掲げる訓政体制にあっては、それなりの正統性を謳えるものではあったが、党内基盤はまったくもって脆弱だった。内政面では汪精衛派・蒋介石派の協力を得られず、また対日政策の面でも有効な対策を打ち出すことができなかったのである。かくて、意気込んで登場した孫科政権は、わずかひと月足らずで退陣を余儀なくされることになった。これをうけて、汪精衛が行政院長に就任し、三月には蔣介石が軍事委員会委員長として政軍界に復帰した。いわゆる「蔣汪合《しょうおうがっ》作《さく》」体制の発足である。

軍・政を蔣と汪の両巨頭が担当するという「蔣汪合作」体制は、汪精衛狙撃事件が起こる一九三五年まで、両派の協力と摩擦を伴いながらも、基本的に継続することになる。この間にも、一九三三年の福建事変や一九三六年の両広事変など、地方軍と国民党の一部勢力が結んだ反中央の局面はいく度かあらわれたが、いずれも短期間のうちに南京政府側によって収拾された。要するに、南京国民政府が外交・財政・経済・軍事の諸方面でかなりの成果をあげていくという状況のもとで、事態は次第に蔣介石による不動の地位の確立へと向かっていったのである。

国民政府の大物たち．左より汪精衛，張学良，宋子文(1932 年 6 月，北平で．『宋子文与他的時代』)．

ちなみに、一九三一年の満洲事変は、翌三二年一月に第一次上海事変(一・二八事変)という形で上海へと飛び火したが、この事態急迫を受けて、国民政府は一年ほど洛陽《らくよう》へ遷都している(同年一二月に南京にもどる)。蔣介石が三月に軍事指導者として中央に復帰したのには、こうした国難を収拾できる実力者はかれを措《お》いてはいないという広い支持があったといえよう。他方、満洲事変を機に、国民の一致団結による国難への対処が叫ばれると、そのためには訓政体制を修正すべきだという意見（憲政への早期移行、民意代表機関の設立）がより強まった。こうした声は以後、国民党各派の政治的思惑とも結びついて、より広範な広がりを見せるようになる。

国民党の弱点

訓政を主導する蔣介石は、社会各層の国民党への同化、すなわち社会の「党化」を目指したが、党内の主導権争いや内戦の華々しさとはうらはらに、組織としての国民党の力はなかなか社会に浸透していかなかった。東北の「易幟」によって全国統一がなった一九二八年末時点での国民党員数は、全国でわずかに一三万～一八万（この他に軍隊党部として七万人）に過ぎなかった。国民党員数は、国共合作期にいったんは三〇万強にまで膨れあがったが、その後の「分共」を経て、大きく減じた格好である。

一般党員数は、その後に増加に転じるものの、南京政府期を通じて五〇万人を超えることはなく、またその多くが官僚層に偏り、地域的にも広東や南京、上海などに偏在していた。全人口比からすれば、一〇〇〇分の一ほどに過ぎないこの党組織（ちなみに同時期のソ連の党員比率は六五分の一）が国政を代行することになるわけだから、権力の基層社会、とりわけ地方農村部への浸透度をはじめとして、さまざまなひずみが生じるのは避けられなかったといえよう。

他方、党の宣伝力という面からいっても、例えば機関紙である『中央日報』（一九二八年創刊）の発行部数は一九三五年時点でも三万部に過ぎず、上海の地方日刊紙である『申報《しんぽう》』『新聞報』の十四、五万部にすら遠く及ばなかった。一党独裁を機能させるための条件は、国民党自身の組織力という面からも大きな制約を受けていたのである。

さらに、幹部中心型政党である国民党は、その上層部が複雑な派閥に分かれ、各々が正統性を主張する「理論闘争」に長《た》けていたため、多数派を占める蔣介石派も、正規の党組織に依存するだけでは、盤石の支配体制を築くことは難しかった。蔣が、腹心の陳果夫《ちんかふ》・陳立夫《ちんりっぷ》兄弟の組織した秘密党内組織ＣＣ団（中央倶楽部 Central Club の略とも、二人の陳 Chen の略称ともいわれる）や中華民族復興社（蔣介石に忠誠を誓う軍人中心の反共国家主義グループで力行社《りきこうしゃ》・藍衣社《らんいしゃ》と呼ばれることもある）といった、かれ個人に直属する諜報秘密結社を拡大していったのは、そのゆえである。反対派との抗争でその暗部を担うこれらの非正規組織は、黄埔《こうほ》軍校卒業生の統率する軍と並んで、蔣の独裁体制の基盤となっていく。

南京政府の経済建設

北伐完了後も続いた国内の政局混乱・内戦にもかかわらず、国民政府の経済運営は、一九三〇年代半ばまでに着々と成果をあげた。むろん、国民政府が無から有を生むがごとくに中国経済を蘇らせたわけではない。

中国経済は、第一次大戦後の「民族工業の黄金期」を挟んで、一九一四～二五年にはその工業生産が年平均で一〇%を超える高成長をとげていた。その後、北伐期の戦乱のためにいったん停滞するが、一九二〇年代後半まで、軽工業など輸入代替工業を中心に、おおむね順調な発展をとげていたのである。軽工業の代表的指標となる紡績業についていうならば、南京国民政

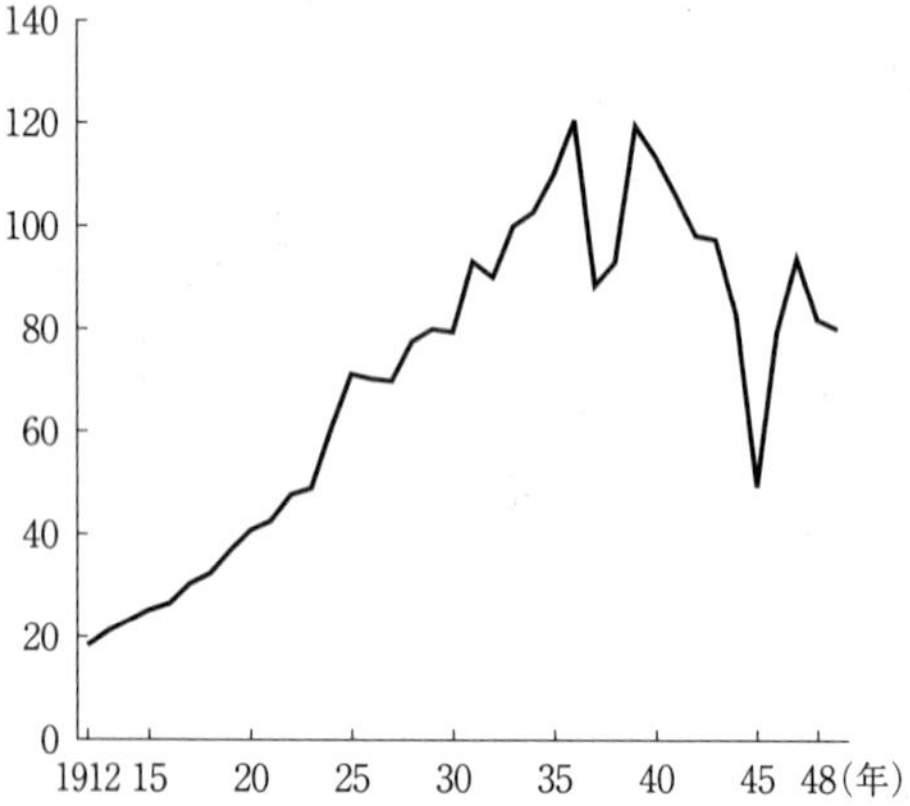

出典：『現代中国の歴史』66 頁

工業生産指数の推移(1912-48 年，1933 年＝100)

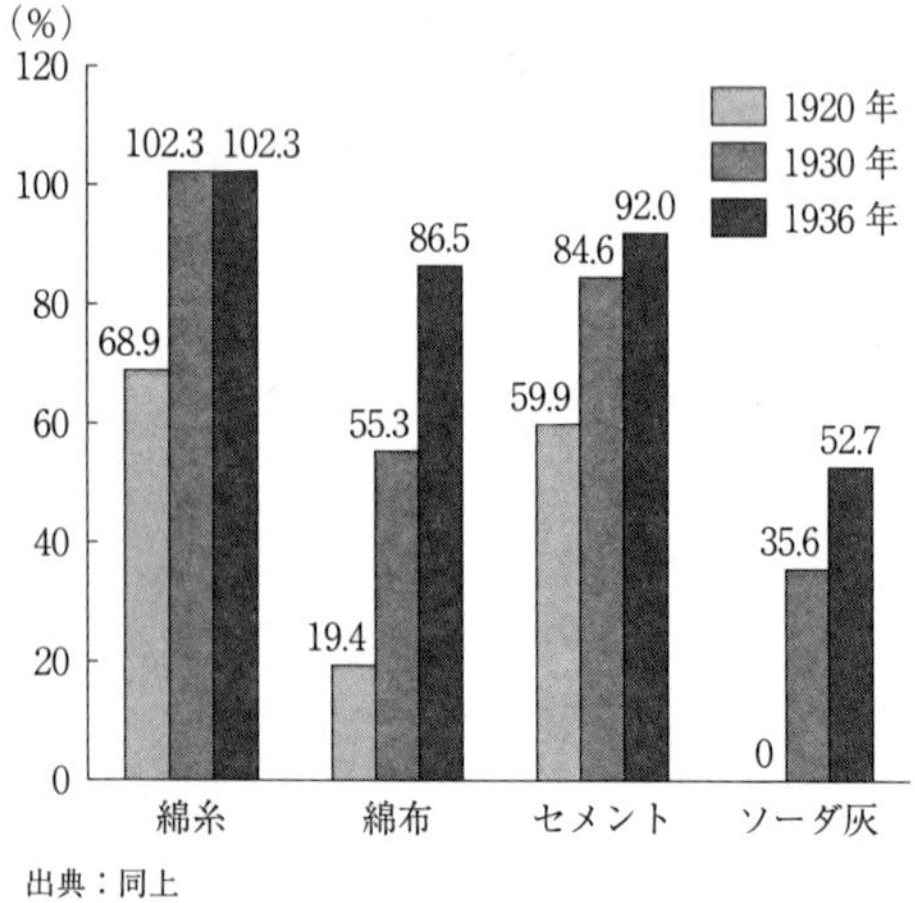

出典：同上

工業製品自給率の推移(1920-36 年)

府が成立した一九二七年には、国産の機械制綿糸の輸出が輸入を上回り、その自給率が一〇〇%を超えていた。もちろん、在華紡に代表される外国資本の圧迫、不均衡な国内市場の状況などの課題は残っていたが、南京政府は、拡大基調の経済状況と国民経済が形成されつつあるなかで登場したのであった。

国家財政についていうならば、ナショナリズムに後押しされた列強との条約改定交渉の結果、関税自主権を回復したことの意味は大きかった。財政部長・宋子文の進めた関税率引き上げは、国内産業の保護育成に寄与しただけでなく、中央政府の歳入の半分近くを占める主要財源となった。同時に進められた塩税改定と新設の「統税《とうぜい》」(統一貨物税)と相まって、国民政府は一九三〇年代に、それら流通間接税だけで国庫収入の八〇~九〇%をまかなうことができた。政策もさることながら、その背景としての活発な商品経済の存在がなければ、不可能なことであろう。国産製品の内地流通を阻害していた内国通過税の釐金《りきん》も、一九三〇年いっぱいで廃止された。釐金などの通過税は、もともと地方政府の財源であったが、これを廃止して、かわりに工場からの出荷時という中央政府が押さえやすいポイントで徴収する「統税」を実施したのである。中央政府の財政権強化が目的だった。

一方、歳出においては、内戦や共産党軍掃討のために、過大な軍事費負担に圧迫され続けた。その上、過去の債務である賠償や外債の支払いもあり、国民政府が恒常的な歳入不足に陥るのは避けられなかった。当然に借金をしなければならないわけだが、そのやり方は、全面的に外債に頼った過去の政府とは大きく異なっていた。内債の安定的発行がそれである。内債の発行は、一九二七年からの一〇年間で総額二六億元に達した。一九三〇年の国民政府の公的歳入が八億元ほどだから、その額の大きさが知れよう。借金とはいうものの、公債の発行は、政権の信用裏打ち(すなわち償還基金となる安定した税収)、それを引き受けるだけの銀行業の成長、そして政府と銀行との協調関係がなければ行えないものであるから、これだけの起債ができたこと自体を評価せねばなるまい。

また、南京政府は、安定した国民経済発展のために欠かすことのできない中央銀行の設立(一九二八年一一月)や関連法規の整備、例えば商法・会社法・工場法・銀行法などの制定を進めた。これら一連の施策は、一九二八年に国民政府の主催のもと、各界の企業家を集めて開かれた全国経済会議や全国財政会議で決議されたものの実施であり、上海の企業家を中心とする江浙地域の実業者集団の声を反映したものであった。経済人の参与を得るこうした政策立案方式は、一九三一年の全国経済委員会でもみられた。さらにそれら経済法規の策定、政策の実施には、統一国家の建設におのが使命を見いだす有能な若手専門家が積極的に登用された。

世界恐慌への対処

一九二九年一〇月にはじまる世界恐慌は、中国にも一九三一年秋ごろから影響が及んできた。影響が遅れてあらわれたのは、当時の中国が銀通貨圏に属しており、恐慌に伴う世界的な銀価低落が、中国の外国為替レートの切り下げと同じ意味(すなわち輸出促進作用)をもち、しばらくの間は中国にプラスに作用したからである。だが、一九三一年のイギリスの金本位制離脱以降、この恩恵は失われ、逆に国際的な銀価格の上昇が、中国経済に深刻な影響をもたらすに至った。農産物をはじめとする諸物価が下落し、工場の倒産や商店の閉鎖が相次ぎ、銀を本位とする複雑な通貨体制の限界は誰の目にもあきらかであった。

　中国経済の長年の懸案であるこの問題を解決するため、国民政府は一九三三年三月に、それまで使われていた銀の貨幣単位「両《りょう》」を「元《げん》」に一本化(廃両改元《はいりょうかいげん》)した上で、さらに管理通貨制への移行をはかった。一九三五年一一月の幣制《へいせい》改革である。幣制改革は、国内に流通する銀を国有化し、これに代えて政府系銀行の発行する紙幣(「法幣《ほうへい》」)を統一通貨にするという画期的なものであった。

　当然に法幣が安定的通貨となるためには、外国為替の面での信用裏付け――すなわち、国際通貨としての対ドル・対ポンド為替レートの維持保証――がなければならない。この面では、例えば国民政府が法幣と交換して集めた銀を、アメリカ政府が米ドルで購入するなど、英米両国は幣制改革に積極的な支援を行った。こうして、中国史上ではじめての管理通貨体制への移行は、短期間のうちに成功した。華北の日系の銀行は銀の引き渡しに抵抗したが、それも一九三七年春には解決し、かくて「法幣」が中華民国の単一の通貨となったのである。南京政府の支配地域では「法幣」が行き渡り、対外的に安定した「元」を基礎に、中国経済は一九三六年には農作物の豊作と相まって、顕著な回復を示した。

幣制改革の成功によって、中央政府の統治力はかつてないほど強くなった。国民政府は軍事的統一・政治的統一に加えて、ついに金融・通貨の統一にも成功したのである。だが、この時、国内には「法幣」の通用しない場所があった。すでに「満洲国」という名に変わってしまっていた東北地域である。この「国」では「日満経済ブロック」のかけ声のもと、国民政府の幣制改革と時を同じくして、「国幣《こくへい》」なる通貨による「幣制改革」がなされ、日本円との等価が声明されていたのであった。

3　満洲事変

事変の勃発　世界恐慌の日本への影響は中国より早くあらわれ、日本経済は一九三〇年春から不況のどん底に陥っていた。他方、済南事変以後に顕著になった中国での排日傾向や南満洲鉄道(満鉄《まんてつ》)の経営悪化、張学良体制のもとでの満洲利権交渉の不調などが相次ぎ、一九三〇年秋の時点で、日本の対中政策はまったくの行き詰まりの様相を呈していた。こうした事態を打開するために、「満蒙問題の解決は日本が同地方を領有することによりてはじめて完全達成せられる」との考えを持っていた関東軍参謀石原莞爾《いしはらかんじ》が、同高級参謀板垣征四郎《いたがきせいしろう》らとはかったのが、謀略を用いた満洲軍事占領である。

一九三一年九月一八日夜、関東軍は奉天北郊の柳条湖《りゅうじょうこ》で満鉄線を爆破した上で、張学良軍の駐屯する北大営《ほくだいえい》と奉天に砲撃を加えた(柳条湖事件)。鉄道爆破は関東軍の自作自演で規模は小さいものだったのに、この時、現地の関東軍部隊から旅順《りょじゅん》の関東軍司令部へは、「中国軍が鉄道を破壊した上で守備兵を襲い、救援に駆けつけた我が軍と衝突した」と報告されていた。綿密に計画されたこの謀略事件によって、南満洲の要衝である奉天・営口《えいこう》・長春《ちょうしゅん》など一八の都市が、一日のうちに関東軍によって占領された。日本でいう「満洲事変」、中国でいう「九一八事変」のはじまりである。

柳条湖事件直後に奉天攻撃のため，城壁上で臨戦態勢に入る関東軍部隊(1931 年 9 月 19 日．毎日新聞社)．

事件の一報が旅順の関東軍司令部にもたらされた時、軍司令官の本庄繁《ほんじょうしげる》は当初、武装解除程度の処置が適当だと考えたようだが、石原の「満蒙領有論」に染まっていた幕僚たちがそれで満足するはずはなかった。石原・板垣らは関東軍の全面出動と朝鮮軍への増援依頼までも承認させたのである。東京では、九月一九日朝に陸軍の首脳部会議が「関東軍今回の行動は全部至当の事」としてその行動を全面支持したものの、これに続く閣議(若槻礼次郎《わかつきれいじろう》内閣)では、幣原外相が関東軍の計画的行動をうかがわせる情報を提示して陸相(南次郎《みなみじろう》)に朝鮮軍増援の発議を躊躇《ちゅうちょ》させ、事件不拡大の方針が決定されている。

だが、二二日に事態は一変した。関東軍から増援依頼を受けていた朝鮮軍が、独断で国境線を越えて奉天へと向かったのである。朝鮮軍の国境外への出動は、軍令の面では奉勅《ほうちょく》命令(統帥権を持つ天皇による正式命令)の伝達が、また軍政面では閣議による経費支出の承認が必要なのだが、朝鮮軍の林銑十郎《はやしせんじゅうろう》司令官はあえてそれを無視して越境したのだった。これにより「越境将軍」と呼ばれることになる林の軍規違反の行動は、陸軍中央の強硬姿勢――出兵態勢を維持したままでの満蒙問題の解決を内閣に求め、それが容れられなければ陸相の辞任による倒閣も辞さない――と相まって、政府を激しくゆさぶった。結局、二二日の閣議は、朝鮮軍出動を事実上追認(経費支出を承認)するとともに、今回の事件を「事変」として扱うことを決定した。宣戦布告なき戦争状態がついに始まったのである。

事変直後の中国側の対応

「九一八事変」が起こった時、東北のあるじ張学良は病気療養中に北平で事件の一報を受けた。張は直ちに奉天の部下たちにたいして、日本軍がいかに挑発しようとも、隠忍自重に徹し、抵抗によって紛争を起こしてはならないと下命した。関東軍が奉天などをまたたく間に制圧できたのは、東北軍が張のこの指示を守って不抵抗に徹したからである。

張の不抵抗命令には、伏線があった。すなわち、「九一八事変」の二カ月ほど前の七月に、朝鮮人移民の長春郊外への入植をめぐって地元中国人農民と大きな衝突が起こると(万宝山《まんぽうざん》事件)、日本支配下の朝鮮では大規模な排華暴動が起こり、さらに八月には、大興安嶺《だいこうあんれい》で情報収集活動をしていた日本軍人のスパイ容疑殺害事件(中村大尉事件、六月)の処理がこじれて、日本との外交問題となっており、東北地域は緊張状態に包まれていたのである。蔣介石は八月に張学良にたいして、「日本軍が東北で事を構えたとしても、我々は不抵抗を旨とし、衝突を回避する」よう命じ、それを受けて張学良も東北の部下たちに、事変の直前まで「日本にたいしては、かれらがいかに挑発しようとも、我がほうはあくまでも忍従せねばならず、抵抗することで紛糾を招いてはならない」と繰り返していた。それゆえに、「九一八事変」が起こったときも、張はこれを日本側の挑発と見なし、不抵抗に徹したのである。

かれの誤算は、それが挑発などではなく、満洲全土の制圧をねらった侵略そのものであったことだった。晩年になっても張学良は、「あの時、日本軍があそこまでやるとは予想だにしていませんでした。絶対あり得ないと思ったのです。……もし、日本が本当に戦争を起こすつもりだとわかっていたら、私は命をかけて戦ったでしょう」と述べている。

当時、南京政府を率いる蔣介石は、一方で共産党軍の討伐にあたるとともに、他方で広州で旗揚げした国民党反対派の軍事行動への対処に忙殺させられていた。かれも当初は、事件を一種の挑発だと考えたようだが、その一報を受けた日(九月一九日)の日記には、次のような言葉が続いている。「内乱は止まず、叛徒《はんと》どもには一片の悔悟《かいご》の心すらなく、国民にも国を愛する心はない。社会に組織なく、政府が半病人とあっては、道理から言えば、かかる民族には今日の世界に存在していける道など決してないのだ」。当時のかれにとっては、収まる気配のない国内の紛争こそが最大の懸案だったことが知れよう。国内すらまとまりのつかない状態では、日本と戦うことなど、端から論外であった。ただし、蔣介石はこの日以降、毎日の日記の冒頭に一日も欠かさず「雪恥」(恥を雪《すす》ぐ)の二文字を書き付けるようになる。片時もその恥辱を忘れまいという固い決意のあらわれだった。

国際連盟の対応

では、闇討ちともいえる日本のこの暴挙にいかに対応すればよいのか。事変直後の国民党には、現実的な対応として、日本側と早急に直接交渉を行い、とりあえずその拡大に歯止めをかけ原状回復を目指すべきだとする動きが一部にみられた。同じく事態の拡大を懸念していた日本の外務省も、一時それに応える姿勢を示した。だが、蔣介石のとった方針は、直接交渉をよしとしないものだった。日本政府の軍への統制力に疑問が残ること、直接交渉は中国側の譲歩を不可避にすることなどがその理由である。直接交渉に代わって蔣が望みを託したのが、国際的な「公理の裁決を待つ」こと、具体的にいえば国際連盟の介入による解決だった。おりから事変の直前に連盟の非常任理事国に返り咲いていた中国は、九月二一日に正式に国際連盟に提訴した。

日露戦争以来、日本は満洲を「一〇万の生霊と二〇億の国帑《こくど》」(日露戦争で払った犠牲・戦費を日本ではこう呼んだ)によって購《あがな》われた「特殊地域」と考え、そこでの「特殊権益」を中国や列強に認めさせることに躍起になってきた経緯がある。その特別な場所で起こった、それも中国側に責任のある事件を国際連盟の場に持ち出すとは、了見違いも甚だしい。これが、当時の日本世論の大勢だった。二二日に満洲問題が連盟理事会の議題として取りあげられると、日本政府はその二日後に、日本軍の行動は自衛のものだとの声明を発表し、連盟の事件介入に反対するとともに、日中の直接交渉に解決を委ねるべきであると主張した。

連盟理事会は事態の拡大を懸念したものの、当初から日本には宥和的で、中国には冷淡だった。満洲の特殊性にこだわる日本を非難することは、日本の態度硬化を惹起《じゃっき》し、事態の解決を難しくすると考えたからである。実際、九月三〇日に理事会が採択した事件不拡大に関する決議は、日本軍の撤退については、なんの期限も付けていなかった。国際世論の風向きが変わったのは、一〇月に入り、関東軍が日本政府の対中交渉を挫折させるための事態拡大を進めてからである。関東軍は事変直後から主要都市に親日政権を樹立する動きを進めていたが、一〇月初旬に至って張学良政権の否認を声明し、続いて八日には、奉天撤退後の張学良軍が司令部を置いていた錦州《きんしゅう》に無警告爆撃を行った。幣原外相は、爆撃は日本政府の意図ではなく、現地軍の孤立した軍事行動だと釈明したが、今や日本政府が掲げた「不拡大方針」が破綻していることはあきらかだった。

日本の連盟脱退

ここに至って、連盟では日本に対して期限付きの撤兵を求める決議案が提出された（一〇月二四日）。決議案は日本の反対で葬りさられたが、その後も関東軍の軍事行動はやまなかった。翌一九三二年の一月に錦州が、二月にはハルビンが占領され、ここに前年の事変勃発以来約四カ月半で、東三省の主な都市と鉄道沿線のほとんど全てが、日本軍の支配下に置かれることになったのである。そして、中国の勢力が一掃された後に打ち立てられたのが、「ラスト・エンペラー」溥儀《ふぎ》を執政とする日本の傀儡《かいらい》国家「満洲国」だった（一九三二年三月一日に建国宣言）。

よく知られているように、国際連盟はその後、一九三二年に日本・中国・「満洲国」での現地調査に派遣した、いわゆるリットン調査団の報告とその後の討議にもとづき、翌三三年二月の総会で、同報告の採択と「満洲国」不承認を内容とする提案を採択した。リットン調査団の報告は、日本の一連の行動を否認しつつも、日本が中国の「無法律状態により他のいずれの国よりも一層多く苦しんだ」ことなどが紛争を誘発したとの認定の上に立ち、東三省を日本を中心とする列強の共同管理のもとに置く構想を示したもので、いわば日本にたいしてかなり宥和的なものだった。中国はこれをのむ姿勢を示したが、リットン調査団の報告公表に先だって「満洲国」を承認していた日本は提案に反発し、三月には連盟からの脱退を通告した。

中国を訪れたリットン(右)と顧維鈞(1932 年 4 月).顧維鈞は，北京政府時代から活躍した熟達の外交官であった(毎日新聞社).

こうした強硬姿勢に合わせるように、日本軍は一九三二年一月には、上海でも中国側と軍事衝突を起こしていた。これまた日本側の謀略に端を発する衝突で、事件発生の日付から中国では「一二八事変」と呼ばれる。日本軍は二度にわたる増援を得つつ、抵抗する中国軍との間で派手な市街戦を繰り広げた(第一次上海事変、五月に淞滬《しょうこ》停戦協定締結)。また、連盟でのリットン調査報告の審議が大詰めを迎えていた一九三三年二月には、満洲国の南に隣接する熱河《ねっか》省に侵攻、これを満洲国の領域に編入した。これによって、万里の長城以北の部分は、中国から武力で切り離されてしまったわけである。

満洲事変が起こると、日本の武力侵略と国民政府の不抵抗方針にたいして、当然のように激しい抗議の声があがり、未曾有の抗日運動が展開された。排日ボイコットは各地で空前の盛り上がりをみせ、ために九月以降、満洲をのぞく全国の日本商品の輸入は、前年の約三分の一に激減し、一二月には実に五分の一にまで落ち込んでいる。

「安内攘外」と国防建設

満洲事変にさいして中国がとった不抵抗方針と国際連盟提訴外交は、たしかに当面の日本軍の侵攻にたいして、ほとんど抑制効果を持たなかった。ただし、この方針が、一方で日本の国際的孤立をもたらし、他方で北伐期の「革命外交」以来、列強が中国のナショナリズムにいだいてきた不信感を払拭し、逆に道義的な地位を高めることに寄与したという点からいえば、あながちマイナスばかりを強調することはできまい。

だが、「満洲事変」が偶発事件などではなく、明確な計画性を持つ侵略だったという事実を認識した時、国民政府が国際的な「公理の裁決」というアテにならない道義性ではなく、自らの実力涵養《かんよう》によって、早急に国防建設に着手せねばならないことはあきらかだった。つまりは、内戦のための軍隊を、国防のための軍隊へと再編することである。そして、国防のための軍を整備するには、いわゆる「国民国家」の構築を並行して進めなければならない。

蔣介石は、日本への一致抗戦を叫ぶ世論にたいして、内なる統一の達成と「国民国家」の建設こそが先決課題であると主張してやまなかった。いわゆる「安内攘外《あんないじょうがい》」(内を安んじ、しかるのちに外を攘《はら》う)の策である。「内を安んじ」とは、共産党をはじめとする国内の分裂勢力を討伐して中国を真に統一することであり、それが達成されてはじめて「外を攘う」、つまり日本という外敵の侵略を駆逐することができるという論理だった。

「安内」のうち、共産党にたいする討伐については後述するとして、対日抗戦を念頭に置いた国民政府の国防計画に関していうならば、一九三二年一一月に参謀本部直属機関として成立した「国防設計委員会」をあげることができる。満洲事変後に設立された同委員会は、中国の広義の国防体制を確立するために、軍事・国際関係・財政経済・原料資源・運輸・食糧など諸方面の関連専門家を糾合して設立された総力戦準備のための機関であった。この組織は三五年に、国防に不可欠な資源開発・重工業建設を担当する資源委員会に改組され、中国内陸部での国防建設を中心とする「重工業建設五カ年計画」を策定、三六年七月より、清末の洋務《ようむ》運動以来最大規模となる重工業建設に乗り出すことになる。

1934年の胡適(1891-1962). 新文化運動以来, 中国を代表する知識人として, 教育界, 言論界, 政界で活躍した(『上海図書館蔵歴史原照』).

4 国民意識とイデオロギー

民主か独裁か

満洲事変から「満洲国」の建国、そして一九三三年の熱河侵攻という日本のなりふり構わぬ侵略拡大は、中国に大きな衝撃を与えた。むろん、抗日救亡を訴える世論は沸騰したが、いかなる国家体制によって抗日を実現するのかについては、微妙な主張の違いがあらわれた。とりわけ興味深いのは、抗日を実現するには、中国の真の統一が大前提であって、そのためには国民党(蒋介石)の独裁もやむなしとする声があがったことである。

「民主と独裁」をめぐる論争は、一九三三年暮れ以降、主に雑誌『独立評論』を舞台に、胡適・蒋廷黻《しょうていふつ》・丁文江《ていぶんこう》・呉景超《ごけいちょう》ら当時の一流の知識人によって行われた。欧米の大学で博士号を取得した蒋・丁・呉らは、分裂した後進的社会を統一された国民国家に変えていく過渡期において、あるいは国家存亡の危機にあっては、強力な専制体制はむしろ必要だと述べていた。かれらの念頭には、ドイツ・イタリアなどで台頭した「新たな専制」、すなわちファシズム体制があった。これにたいして胡適は、強権的な中央政府が上から国民を支配しても、国民の同意がなければ結局は弱体化するのであって、遠回りでも、政権を広く開放し、民衆の政治参与を積極的に進めることこそが強固な国家統合につながる、と主張した。当然にかれの主張は、早期の憲法制定と議会政治の実現に帰結することになる。

「民主と独裁」をめぐる論争は、決着のつかぬまま、抗日戦争の勃発まで続いたが、それはこうした問題をめぐる同時代の動きと、互いに因となり果となる関係にあった。つまり、論争が繰り広げられたこの時期には、政治犯の釈放や不法な拘禁の廃止、言論の自由を求める宋慶齢・魯迅《ろじん》・蔡元培《さいげんばい》らの発起した中国民権保障同盟の結成(一九三二年一二月)とそれへの弾圧が並行して起こっているのである。弾圧は、蔣介石の私兵ともいうべき力行社のしわざで、同盟の中心人物であった楊杏仏《ようきょうふつ》が一九三三年六月に暗殺され、同盟は活動停止に追い込まれている。その翌年には、国民政府は上海などで雑誌・図書の検閲制度をさらに強化した。

また他方で、国民党の孫科(立法院長)・張知本《ちょうちほん》・呉経熊《ごけいゆう》らが中心となって、訓政から憲政への移行を準備すべく、民間の意見も募りながら新憲法の草案作成が進められたのも、一九三〇年代前半のことである。国民党が、選挙選出代表による憲法制定機関である「国民大会」を三五年に開催し、憲法の制定とその公布時期の決定を行うと一九三二年一二月に決議したことがその背景であった。実際には、国民大会は戦後まで招集されなかったが、憲政は待ったなしだと考えた『独立評論』や『大公報』『東方雑誌』といった全国メディアが憲法草案をめぐって盛んに議論を展開したことの意味は決して小さくない。一九三六年五月五日に公布された憲法草案(公布の日付にちなんで「五五憲草」と呼ばれる)は、なお三民主義と国民党の優位性を相対的に強調したものではあったとはいえ、さらなる民主化へ向けてその改正を訴える声は、抗日戦争期の憲政運動へと受け継がれていくことになるのである。

「民主と独裁」をめぐる論争で独裁容認の論陣を張った人々も、むろんすべてを国民党に委ねてそれで良しとしたわけではない。日本の侵略に対抗するには、中国が統一的な国防体制を物質面も含めて整えることが先決だとした丁文江・呉景超・翁文灝《おうぶんこう》ら『独立評論』の同人たちは、それぞれの専門知識(丁・翁の場合は地質学、呉の場合は社会学)を生かす形で、南京政府の政策立案(例えば、前述の国防設計委員会や資源委員会)に積極的に参加し、蒋介石政権のブレーンの役割をはたすことになる。従来、大学・研究機関で働いていたこうした知識人たちが、テクノクラートとして政治参与していったことも、満洲事変後の社会動向の一特徴であった。

「新生活運動」

近代以降、中国民衆は「バラバラの砂」——規律のない烏合《うごう》の衆——と評されてきた。孫文も生前の講演でしばしばその文句を使っている。それゆえ、先知・先覚者を自負する国民党から見れば、民衆とは、教化・訓導の対象にほかならなかった。前述のように、満洲事変勃発の報を受けた蒋介石は日記に、国民には国を愛する心がなく、社会には組織がないと記して嘆いたわけだが、かれの考えに即していうならば、日本の侵略に立ち向かうべき中国に、何よりも欠けているものは、民衆の愛国心や組織だということになろう。したがって、そうした民を、「国民国家」を担うべき「国民」へと養成しなければならないと考えるのは、自然な成り行きである。

蔣介石がこの面で提唱したのは、民衆の「食・衣・住・行」を「礼・義・廉・恥」の観念から矯正していくことを目指す「新生活運動」なる社会教育運動であった。一九三四年に始まったこの官製運動は、短期間で復興をなしとげたドイツ・イタリアのファシズムを念頭に置き、それに中国の儒教的徳目などを重ね合わせて、国民精神の刷新をはかったものである。

蔣介石がその留日経験・日本観にもとづいて、明治維新以後の日本に富強をもたらしたと考えた「武士道」精神や規律ある生活態度も、この運動の中ではしばしば賞賛された。日本の国力にたいするそうした高い評価は、他方で抗日にたいする蔣の慎重な態度の一因ともなっていた。いったいに蔣介石には、明治日本の精神を中国でも実現させたいという願望が一貫して強くあったといってよい。だが、国土の大きさや国民統合の度合いの違う中国では、その願いは簡単に実現できるようなものではなかったはずである。結局、「新生活運動」は抗日戦争以後も継続されたが、その広がりが中央政権の周辺を越えることはまれであった。

ちなみに、この「新生活運動」では、宣伝手段としてラジオ放送が活用されている。国民党によって南京に設置された中央放送局は、一九二八年八月に放送を開始し、三〇年代には出力を増強する一方、北京語での放送にも力を入れていた。これがいよいよ政治宣伝と動員の手段となる時代が到来しつつあったわけである。もっとも、一九三四年時点でのラジオ放送聴取者(全国で推計九万弱)の分布をみると、上海や南京のある江蘇省だけで全体の八割近くを占めており、極めて著しい地域偏差があった。

地域社会

大きな地域偏差を持つ中国という国を俯瞰《ふかん》する時、統計データが重要であることは論を俟《ま》たない。先にラジオの聴取者分布のデータを提示したが、実はこうした統計が社会の各分野で整えられるのが南京国民政府期である。例えば、教育の普及を示す小学校の児童数ひとつをとっても、一九二〇年代の大部分については、概数の統計すらないのにたいして、国民政府の統治が軌道に乗った一九三〇年代になると、歴年のデータが残っている。

もっとも、それらの統計数値がはたしてどれだけ正確なものかと問えば、問題が種々あることは争えない。だが、統計作成は国民の把握を前提とする近代国家にとって欠かせない要件であり、統計がとられること自体が、中央統治の浸透度を測るひとつの物差しなのである。国民政府は、一九三一年に統計業務を統轄する主計處《しゅけいしょ》(統計局)を設置したのに続いて、一九三六年には全国規模での戸口調査を行っている。これは、まさに民を「国民」にする施策を進める前提として、極めて重要なことだった。ちなみに、この時の調査によれば、中国の総人口は四億七〇〇〇万人ほどだった。

一九二〇年代の識字率は、基準のとり方にもよるが、おおむね二〇〜二五%ほどと推計されている。その背景には、一九二九年時点で一七%にとどまっていた低い小学校就学率があった。教育を国家建設の最優先課題とした国民政府は、一九二九年から教育機関・教育経費の拡充につとめ、その後の五〜六年の間に小学校就学児童数は倍増、就学率も三〇%ほどに達している。また、識字率向上のための漢字の略字(簡体字)が教育部によって制定・試行されたのもこのころ(一九三五年)である。このほか、民衆を対象とした実践的教育の普及と農事改良を目指す運動(「郷村《きょうそん》建設運動」と総称される)は、一九二〇年代後半以降、陶行知《とうこうち》・晏陽初《あんようしょ》・梁漱溟《りょうそうめい》といった知識人によっても提唱され、協同組合(合作社)運動ともからまり合いながら、河北省定《てい》県などで実践例を積み重ねている。

南京政府期の社会改良事業は、一九二〇年代から本格化した国際援助の一環として進められたという側面を持っていた。例えば、公衆衛生事業としての防疫体制の整備は、国際連盟保健機関の援助を受けていたし、定県の農村モデル事業もアメリカの民間財団の援助を受けていた。また、中国の宿痾《しゅくあ》ともいえるアヘンなど麻薬の取締りについては、国際連盟がその規制に積極的だったこともあって、国民政府は一九三〇年代半ばから、その規制遵守を本格的に進めている。中国の進めたアヘン禁絶政策は、中央権力のおよばない地域にはなかなか浸透しなかったものの、連盟脱退後に満洲国などの支配地域でさらに大がかりなアヘン・麻薬の密造や流通を行った日本とは好対照をなし、国際社会での中国の地位向上につながっていった。

一方、国民政府権力の地方社会への浸透に目を転じれば、農村の管理制度として、一九三一年に保甲《ほこう》制度が導入されている。「戸」を単位として一〇戸を一甲、一〇甲を一保とする相互連帯組織の保甲制は、当初、共産党支配地域を掃討した後の江西省に部分的に導入されたものだったが、それが江西全省から周辺の他省へ、そして三四年には全国へと拡大された。そもそも保甲制は、歴代王朝が農村統治の手段としてしばしば採用したものであるが、この時期の保甲制の意義は、国家によって承認された「官」の組織が「県」レベルより下にまで下りてきたことにある。つまり、清朝時代以来、国家の派遣する「官」は県の知事どまりで、地方社会は「郷紳《きょうしん》」と呼ばれる名望層によるゆるやかな自治に委ねられていたわけだが、保甲制の導入によって、公的な政治的伝達ルートが農村集落にまで下りることになったのである。

これに伴って、学問を修めた士大夫《したいふ》的存在たる郷紳のリーダーシップは相対的に低下し、軍人・商人・農民など、さまざまな出自の実力者が末端の権力と責任を担わされるという地方社会の再編が徐々に進むことになった。これは、後述する共産党の農村における革命活動の重要な背景である。

一九三六年五月、田舎教師のある一日

国民政府の統治が次第に浸透しつつあった一九三六年九月、上海で『中国の一日』(中国的一日)という書物が出版されている。その年の五月二一日に中国各地で起こった日常の出来事をさまざまな人々に寄稿してもらい、それを一冊に編んだ文集である。一篇一篇の文章には書き手による巧拙の差はあるが、その積み重ねによる全体は、ある平凡な一日を切り取った中国社会の大曼荼羅《だいまんだら》といっても過言ではない。各篇が活写する多様な中国社会の姿を無視して、断片を選び出すのは適当ではないかもしれないが、あえて一篇のみを紹介しよう。前述の晏陽初らの郷村建設運動の流れを汲んで、江蘇省北部の田舎町で学校の教師(校長)をしていたとおぼしき人物の投稿である。

識字教育のための教室の設備が新調早々、この日に盗まれ、机や椅子からドアまで持っていかれてしまう。「自転車に乗り、盗難の現場に行き、ひととおり調べた。ドアには鍵がかかっていたのにとられた。板は重くて一人の力では動かせない。賊の人数はきっと少なくないと思った。夜には犬もほえていない。盗んだのはたぶんよそ者ではなかろう」。かくて、かれは村の甲長を呼び出して事情を問いただすのだが、結局らちがあかない。そうこうして昼食をとっている時、今度は近くの商店が火事になった。だが、「おおかたの住民はただ傍観するだけ、騒ぎを見ているだけで、火を消している者が何人かいても、ごく近い親類か、自宅が類焼する心配がある者だけだ」。この田舎町には消防組織はないのである。「相互扶助の精神がなく、同

情心の欠けたこうした民衆を、どうすれば改め訓練し、育てられるか。実に郷村教育をやる者の負うべき使命である」とかれはめげない。次いでかれは近くの村に行き、小学校設置のための「保甲長懇談会」に出席した。「出席者は、保長三人、甲長一七人、うち字の読める者は六人である。わたしは精一杯手を尽くして〔学校を設けるよう〕奨励したが、結局かれらは相変わらずの態度で、誰も責任をもってやろうとは言わなかった」。村の廟《びょう》を学校に転用しようという案も抵抗を受け、結局その日には何も決まらなかった。

この教師が綴《つづ》ったような状況は、当時至るところで見られただろう。在地には「保長」や「甲長」といった「官」の末端に連なる役職者は確かにいて、かれらが「会」を開いて議事を話し合うという点は、確かにそれまでには見られなかったことだった。ただし、かれらは教師をそれなりに敬いはするものの、上からの近代化にたいして、自分たちの識字教育はおろか、子女の教育さえ、それがさらなる負担を強いるものだとして迷惑視するのである。コミュニティが消防組織というものに結びつかないのである。これこそが、かの教師の、ひいては民国の苦悩のありかなのであった。

上海「摩登《モダン》」の光と影

この『中国の一日』を編纂・出版したのは、著名な作家・文学者の茅盾《ぼうじゅん》（沈雁《しんがん》冰《ひょう》）である。共産党の結成活動に参画したこともあるかれは、魯迅の弟・周作《しゅうさく》人《じん》らと一九二一年に「人間本位主義」の文学を掲げる「文学研究会」を組織し、のちに長編小説『子夜《しや》』（一九三三年）で文壇の雄となっていた。

小説『子夜』で描かれた一九三〇年代初めの上海は、三三〇万（うち欧米人約三万、日本人約二万）の人口を有する東洋第一の国際都市であった。当時の東京・大阪の人口はその三分の二だったから、そのずぬけた大きさが知れよう。今日も残るバンドの高層建築群を中心とする都市景観は、一九二〇年代後半から三〇年代にかけての建築ラッシュによって形づくられたものである。上海の繁栄ぶりは、その消費電力からもうかがい知ることができる。一九三五年時点での上海の発電容量は二五万キロワット、それは東北部を除く中国全土の四割強を占め、同時代の東京をしのぐものだった。こうした電力需要を生み出したのは、紡績産業を中心とする工場の電化と繁華街や街灯による上海の不夜城化である。紡績工場の経営者を主人公とする『子夜』にも、街の「何百、何千もの明かり」や電力会社の「バカでかいネオンの広告」、工場の電化の情景が描かれている。

小説『子夜』で、上海にやってきた田舎の老人を驚かせたのは、そうした「空までそびえる摩天楼」の続く街並みだけではなかった。「半裸としか見えない女性」たちのファッション、途絶えることのない人波、車の騒音やガソリンの臭気が、「悪魔のような都会の精霊」となって老人を圧倒するのである。半裸としか見えない身なりとは、新式の旗袍《チーパオ》（いわゆるチャイナ・ドレス）のことなのだが、一九二〇年代末から登場しだしたこのタイトなワンピースは、髪型

旗袍姿の女性が登場するタバコの広告ポスター（1930 年代．『中国早期海報——月份牌年画』）．

や靴、鞄などの装飾とともに、「摩登《モダン》」の記号として、一九三〇年代以降、一般女性にも広まっていたのである。

租界を有したことによって世界への窓口ともなった上海には、あらゆるモダンなものが溢れていた。大型娯楽施設の「大世界《ダスカ》」、「先施《せんし》公司《コンス》」を代表とする百貨店、魯迅も通った「上海大戯院」などの映画館、カフェ、『良友』『上海画報』といったグラフ雑誌からゴシップ記事満載の小雑誌（「小報」と呼ばれた）に至る多種多様な活字メディア、それらはいずれも、近代的大衆文化や消費文化が上海で花開いていたことを示す例にほかならない。

他方、上海モダンの陰の部分も、取りあげればきりがないのも事実である。例えば、「不夜城」上海にあって、在華紡などの工場は、二四時間操業体制のもとで夜も明かりの消えることはなかったが、女工たちの住まう社宅に電灯がつけられ始めたのは、ようやく一九三〇年代に入ってからであり、それも夏季以外は早々に消灯となるのが常だった。もっとも、昼夜二交替制で一〇時間以上も働かされる彼女たちにとって、社宅とは寝に帰る場所以上のものではなかったが。さらには、そんな社宅に住めるような労働者はごく一部であって、地方から働きに出てきた者たちの多くは、粗末なアンペラ小屋に詰め込まれ、電灯とは縁のない暮らしを営んでいた。その光の部分が強烈なだけに、上海ではその影もまたそれだけ際だつのであった。

文化の集積地・上海に集った知識人・文化人たちは、一方で租界における近代的市民社会の空気と繁栄を享受しながらも、他方で上海ははたして中国なのかと自問しつつ、その闇の部分に批判の目を向けていくことになる。それは、租界に暮らす快適さと租界の存在への反発というアンビバレントな感情を伴うものでもあった。

不寛容の時代と知識人

一九一〇年代半ば以降の五四《ごし》新文化運動において、ともに旧倫理・伝統文化に異議を唱えた中国の新派知識人は、一九二〇年代に分化したといわれる。つまり、思想界は共産党結党のころを境として、マルクス主義を信奉して共産主義運動に突き進んだ一派と、それに追随しなかった、あるいは反対した一派に分かれたとされるわけである。むろん、民国期の思想界には、そもそもこうした単純な二分法にはなじまないユニークな知識人も多いのだが、マルクス主義への賛否を指標とする分類が成り立たないわけでもない。

ただし、主に共産党側からなされてきたこうした解釈には、若干の補足説明が必要であろう。

それは、中国の思想界それ自体が何らかの傾向性や自律性をもって、そのように発展・分化したというよりも、一九二〇年代後半以降に進行した政治的党派性の枠組み強化が、過去の思想界の状況を、党派性にもとづいてそのように裁断したのだという点である。思想界が分化したのではなく、国民党なり共産党なりの強固な党派観念・独善的歴史観によって、思想界それ自身が分化したかのように描かれたのである。

　こうした傾向は、国民革命・北伐という政治運動にあまたの知識人が、あるいは共産党員として、あるいは国民党員として、実際に身を投じ、政治活動と文化活動とを一体のものと考える習性を身につけたことによって、より顕著となった。例えば、一九二〇年代末に国民革命の高揚と挫折を描いた小説『蝕《しょく》』三部作を発表したかの茅盾や、二〇年代末から三〇年代にかけて旺盛な文芸執筆活動をした銭杏邨《せんきょうそん》(阿英《あえい》)、あるいは郭沫若《かくまつじゃく》などは、いずれも国民革命の現場に身を置いた経験を持っている。国共合作崩壊後に共産党の最高指導者となった瞿秋白《くしゅうはく》が、他方で文芸理論研究の面でも著名な知識人だったことも、よく知られていよう。

　一九二〇年代末から顕著になった政治化した言論活動の特徴のひとつは、大小さまざまに相違する互いの見解を「我々」(味方)と「かれら」(敵)に分け、「かれら」にたいしては「〇〇主義」というレッテルを貼るということである。蔣介石にたいする国民党他派からの批判は、常に蔣の「独裁主義」に反対するというものだった。また、一九二八年に、二〇年代の言論界の論戦を総括した中共党員の文化人彭康《ほうこう》は、「我々の文化運動と胡適らの文化運動」を厳格に区別するよう主張したが、それは「胡適の文化的立場はブルジョア自由主義の立場であり、我々はマルクス主義の立場だ」からだった。これに対して、批判された胡適は、五四新文化運動期と二〇年代後半の思想界の違いとして、「不寛容の態度、自らと異なる者を認めない思想」をあげ、国共分裂以来「六、七年の間に、こうした不寛容の態度が育んだ専制という習慣が、なお多くの人の身体に染みついている」(一九三五年)と解説している。

レッテルは「我々」の中がさらに細かく分かれる時にも使われた。前述の矛盾『蝕』が発表されると、「革命文学」を唱える銭杏邨らのグループから、それが「プチブル的悲観主義」だという批判が出されるようなことである。主義によって彼我を分ける こうした言論界の状況の中で、文学者たちは、文学の創作それ自体よりも、むしろどうすれば良い文学が生まれるのかという論戦に熱中するようになった。一九二八年以降、上海でのこうした左派系文学論争に巻き込まれた魯迅も、創作小説への志向をまったく放棄したわけではなかったが、その筆力のほとんどは、論争のための雑文と外国文芸紹介に傾注されている。

左の時代

一九二〇年代後半から三〇年代前半は、「左」の時代だった。ただし、これは共産主義運動の時代ということではない。中国において、「左派」、「右派」、「左寄り」(左傾)、「右寄り」(右傾)という言葉が広く使われるようになったのは、一九二〇年代半ばである。これは主に、国共合作期の共産党が好んで使ったものだったが、それが国民党に流れ込み、国民革命を通じて広く言論界に浸透したのだった。中国を代表する総合雑誌であった『東方雑誌』は、一九二五年にこの流行語について、次のように解説している。「すなわち、ある人の思想行動を批評する場合、相対的に保守なものを右寄りだと言い、相対的に急進なものを左寄りだと言うのである。現代のほぼ全ての思想対立・政治対立は一種の〝左右の争い〟にほかならない」。

興味深いのは、この時期に定着したこの「左」「右」の考え方において、「右」は単に保守であるばかりか、しばしば「卑劣」「腐敗」と同等視されたことである。したがって、のちに「右派」と位置づけられる国民党のグループも、国民革命の時期に共産党の卑劣さを攻撃するさいには、共産党は「右寄り」(右傾)だという言葉を用いて憚《はばか》らなかったし、国民党が一九二七年に反共に踏み切ったあとでも、国民党の地方実力者は、しばしば自分たちが「右寄りではない」と声明している。また、汪精衛らといわゆる「改組派」を形成した陳公博も、一九三〇年に「改組派」と呼ばれることに違和感を示し、むしろ「左派」と呼んでほしいと語っているが、それも同じ思考回路から出ていよう。

南京政府期の文学運動において、進歩系文学者を糾合した団体に、一九三〇年三月に結成された左翼作家聯盟《れんめい》(略称は左聯《されん》)がある。共産党の影響のもと、文豪魯迅を取り込む形で成立したこの団体の名称に「左翼」の二文字を入れるかどうかは、最終的には魯迅の意向をくんで決められたといわれている。むろん、「左翼」を入れれば、団体の志向性がハッキリするわけだが、日本語経由で定着したこの語が、さして異論もなく多くの文学者に受け入れられたことも、当時の「左」の盛行と無縁ではあるまい。

日本経由の「左」ということに関連させていうならば、五四運動期以来、日本語文献を通じてなされた社会主義・マルクス主義の紹介は、一九二〇年代終わりから三〇年代初めにかけて、ひとつのピークを迎えている。日本では、二〇年代の終わりからプロレタリア芸術運動が盛んになり、三〇年前後にはマルクス主義関連の本が急増したことが知られているが、ちょうどそれとシンクロするマルクス主義ブームが中国の出版界でも起きていた。その多くは日本語からの翻訳である。一九三〇年をはさむ三、四年の間に新たに出版されたマルクス・エンゲルスの翻訳だけでも四〇点近くに達し、これにマルクス主義関連の解説書を加えれば、軽く一〇〇点を超す勢いであった。当時のある知識人は、その盛況ぶりを出版界におけるマルクス主義の「黄金時代」と呼び、「当時にあっては、ある教員や学生の書棚にマルクス主義の本が何冊か並んでいなければ、決まって人に馬鹿にされたものである」(譚輔之「最近的中国哲学界」『文化建設』三-六、一九三七年)と振り返っている。

日本や中国のみならず、欧米においても、一九三〇年代という大不況とファシズム台頭の時代に、知識人が急速に社会主義へと接近していったことはよく知られていよう。中国における「左」の文化の流行は、決して孤立した現象だったのではなく、世界的な潮流の中でのひとコマだったのである。

ただし、この時、農村部で活動していた共産党にとって、こうした高尚な「左」の文化は、ほとんど役に立たなかった。先に紹介した田舎教師の文章では、農村の保長・甲長クラスの者でも、字を読める者は二〇人中、わずか六人と記されていたわけだが、「文化」とはおよそ無縁な形で中国に広がる民衆世界・農村世界こそが、共産党の舞台なのである。次章では、いったん時間を一九二〇年代半ばにもどして、共産党の歩みを見てみよう。

第3章　共産党の革命運動

長征の難所，大渡河を越える紅軍を題材にした木版画．1年余りの苦難の行軍の物語は，さまざまな芸術・文学の素材とされて共産党の神話となった(『解放区木刻版画集』)．

1　中国共産党とコミンテルン

党員生活と政党文化

一九二一年に上海で第一回の党大会を開いた時、共産党の党員数は全国でわずかに五十数人に過ぎなかった。この数字は、その後増加の一途をたどり、一九二七年四月に国共合作下の武漢で第五回の党大会を開いた時点では、六万人近くに達していた(ちなみに、国民党は三〇万強)。また、その内訳も、労働者が約半分、農民と知識人がともに二割弱という構成(女性は八%)であり、知識人が大部分を占めた結党初期とは、かなり様変わりしている。ただし、党の指導者や地方組織のトップなど、党の中核部分を形成し、最もその活動に熱心だったのは、相変わらず知識人であった。

知識人が党の核となったのには、当然に理由がある。まずは、「革命理論なくして革命運動なし」というマルクス主義政党であるがゆえの属性、そしてこれも党の属性といってよいだろうが、この党が会議と文書とによって意思の決定・伝達を行うスタイルを堅持していたことである。むろん、共産党に限らず、政党をはじめとする組織の運営には、会議や文書は欠かせない。例えば、国民党も会議に関する条項を含む規約を持ってはいた。ただし、その規約はあくまでも全国大会に関する規定にとどまるのであって、共産党のように、数人規模の支部(細胞)

レベルにおける会議の開催義務やその頻度(週に一回)にまで及ぶことはなかった。会議での発言(方言の違いが大きいために、通訳がつくこともあった)や指示・報告文書の作成などは、知識人にしかなし得ないかなり高度な文化行為なのである。

また、国民党に比して、共産党がよりイデオロギー性の強い政党文化を持っていたことも、当然ではあるが、指摘しておいてよいことだろう。主義にたいする揺るがぬ信念(中国語では「信仰」という)を核とする党員の心性である。段祺《だんき》瑞《ずい》政権の閣僚をつとめたこともある章士釗《しょうししょう》が北伐期に共産党の目ざましい活躍を評価したのは、まさしく「共産党が新型の宗門」であり、共産党員には「「共産」を信じて「教」となし、回教徒がコーランを奉じ、キリスト教徒が福音を崇めるのに勝るとも劣らぬものがある」(章士釗「論共産教」一九二七年二月)からだった。

共産党には、女性の真の解放を求めて入党する者も少なくなかった。女性解放は、あらゆる差別の根源である資本主義体制を打破する社会主義革命を通じてはじめて得られる、という考えからである。当時、女性が男性と同じ場で活動することは珍しく、現実において、しばしば男女党員間のトラブルを引き起こしたが、それにたいする党のリーダー(惲代英《うんだいえい》)の訓戒は次のようなものだった。少し長いが、共産党員の心性を象徴的に伝えるものとして引用しておこう。

マルクス主義の信奉者ならば、経済制度が完全に改造されるまでは、うるわしい恋愛生活など有り得ないことを知っているはずである。マルクス主義者は決して恋愛に反対ではなく、一切を犠牲にして経済制度の改造をはかり、すべての人がうるわしい恋愛のできることを願っている。しかし、マルクス主義者は、経済制度を改造するために、時としてすべて(恋愛を含む)を犠牲にしなければならない。もしも活動において犠牲にしなければならないものをことごとく犠牲にできず、さらには何かの事物に恋々として逆にその人のなすべき活動を犠牲にするならば、その人は愚昧な小人に過ぎず、決してマルクス主義の信奉者と称するには値しないのである。(「マルクス主義者と恋愛問題」一九二五年七月)

むろん、現実の党内生活の全てがこの美辞のごとくに実践されたわけではなく、党内処分を受けるような男女党員の「軽率な離合」が、指導者を含めて現に発生しているが、他方で向警《こうけい》予《よ》や鄧穎超《とうえいちょう》のように、「女性」という枠を超えて活躍する場が党内にあったのも事実である。

外国語コミュニケーション能力

共産党において、知識人が大きな役割をはたした要因のひとつは、その上部組織であるコミンテルンとの関係である。組織面では、共産党はコミンテルンの中国支部であり、結党以来コミンテルンの強い影響下に置かれていた。当然に両者の間には、指示や報告のやりとりが頻繁に行われただけでなく、中国にはコミンテルン代表が常駐して共産党の活動を指導していた。また、党幹部も学習や会議出席のために、しばしばモスクワを訪れる必要があった。多言語コミュニケーション能力を曲がりなりにも有していた知識人が党内で重きをなしたゆえんである。

中共の場合でいえば、初期における張太雷《ちょうたいらい》・瞿秋白《くしゅうはく》、その後における王明《おうめい》(陳紹禹《ちんしょうう》)らの台頭は、かれらの外国語能力やそれに付随するコミンテルン代表との緊密な関係と切りはなして説明することはできない。例えば、ロシア語のできる瞿秋白を重用したボロジンにたいして、それに不満を覚える中共幹部の中には、「ボロジン同志はこれまでわが党の日常活動に意を払ったことなどなく、わが党に対する態度は、あたかも通訳供給機関にたいするがごとくである」(蔡和森《さいわしん》の報告、一九二六年)という声さえ聞かれるほどだった。

また、一九二〇年代末から三〇年代にかけて、モスクワでは、ソ連の理論家たちが中国の革命家にたいして、「きみは『資本論』を読んだことがあるのか」という言葉をしばしば投げつけたという。中国語訳『資本論』全巻の刊行を一九三八年まで待たなりればならなかった中国の革命家たちには、それに返す言葉がなかった。こうしたエピソードが示すように、中国の革命家たちはソ連・コミンテルンに対して、組織的な面での従属だけでなく、言語面・理論面でも劣位を余儀なくされたのである。

コミンテルンの影響とは　コミンテルンの指導下にあるということは、モスクワで繰り広げられたソ連の権力闘争や路線闘争の影響を強く受けるということでもある。とりわけ、一九

コミンテルン第4回大会(1922年)の参加者たち．前列左端が陳独秀，中央が片山潜，後列左から2人目が瞿秋白，4人目がロイ(David Mcknight, *Espionage and the Roots of the Cold War*)．

二〇年代半ばのスターリンとトロツキーの権力闘争は、それが中国革命への認識を争点のひとつとするものであったため、北伐期の中共の政策に大きな影を落とした。例えば、国共合作という枠組みをどこまで維持すべきか、どこまで国民党に譲歩すべきかについては、スターリンとトロツキーとの間に大きな食い違いがあった。蔣介石による四一二クーデター後に開かれたコミンテルン第八回執行委員会総会(一九二七年五月)では、トロツキーは武漢国民党の反動化に警鐘を鳴らし、労農ソヴィエトの組織化を主張したが、スターリンはそれを封殺した上で、武漢を革命と見なし、左派政権を通じた土地革命を中共に求めた。これを具体化したスターリンのいわゆる「五月指示」が、武漢国民党の分共の引き金となったことは、すでに見たとおりである。

だが、武漢分共によって、事態が共産党にとっての「敗北」に終わった時、その責任の所在は巧みにすり替えられて中共総書記陳独秀《ちんどくしゅう》の「右傾日和見《ひよりみ》主義路線」に帰され、かれは共産党指導者の地位を追われたのであった。これ以後も、コミンテルンの時々の指示や情勢判断に従った――時として現実にそぐわない――路線・方針を遂行した結果、それが失敗に終わると、モスクワではなく中共指導部の責任が問われ、そのたびに指導者が批判され、交替させられるといった事態が続いた。

また、一九二九年に、張学良がソ連の在華利権回収を掲げて中東鉄道事件を引き起こし、国内に反ソ機運が高まると、共産党はそれを「帝国主義によるソ連侵攻戦争の先触れ」であると見なし、「労働者階級の祖国ソ連を守れ」と訴えるキャンペーンを展開した。いうまでもなく、コミンテルンの指示によるものである。だが、ナショナリズムの声に抗うこの理屈が、世論に支持されることはなかった。このキャンペーンに異を唱えた陳独秀は、党中央と激しく対立、最終的には党を除名された。党を追われた陳は、共産党は今や「スターリンの蓄音機」に成り下がってしまったという言葉を残し、いわゆるトロツキスト派の活動を本格化させることになる。だが、ソ連・コミンテルン流の共産主義運動が

中国共産党の初期の指導者・陳独秀(1879-1942.パンツォフ『ソ中関係秘史』).

世界的に大勢を占める状況の中では、かれらトロツキストの運動は、内部対立や官憲による弾圧もあり、ごく小規模なものにとどまった。

二八人のボリシェヴィキ――留ソ派の人脈

陳独秀が指導者の地位を追われたあと、党中央の要職は瞿秋白が引き継いだ。その後、かれの掲げる暴動路線が失敗に終わると李《り》立三《りつさん》が、また李立三の進めた急進路線（一九三〇年前半に半年ほど続いたいわゆる「李立三コース」）が失敗すると、今度は王明ら留ソ派が、それぞれコミンテルンの意を受け、前指導部の誤りを是正する名目で指導権を握った。党の有力な幹部たちは連絡のとりにくい農村根拠地に分散していたものの、コミンテルンの指導を背景とした「党中央」の権威は、地方の指導者が容易に否定することのできないものであった。

上海で秘密裏に開催された党の六期三中全会（一九三〇年九月）、四中全会（三一年一月）後に党中央を掌握したのが、王明らソ連で教育を受けた若い党員たちである。モスクワでは、国共合作期に中国人革命家を養成する学校が設立され、多くの若者が学んでいたが、その後に帰国した王明・博古《ボーグ》（秦邦憲《しんほうけん》）・洛甫《ルオフ》（張聞天《ちょうぶんてん》）らロシア風の別名を持つ留ソ派は、純粋のボリシェヴィキを任じて党内で重きをなすようになった。かつて国共合作の末期に、スターリンは不甲斐ない中共に言及して、「わたしは中国共産党の中央委員会にあまり多くのことを要求したくない。それに過大な要求をしてはいけないこともわかっている。しかし簡単なやさしい要求がある。

それはコミンテルン執行委員会の指令を達成することだ」(モロトフ宛て書簡、一九二七年七月九日)と語っていたが、今やモスクワに忠実な指導部が形成されたのである。

王明ら留ソ派は、モスクワにおけるそのグループ結成の故事にちなんで、「二八人のボリシェヴィキ」と呼ばれた。この呼称は多分に象徴的なもので、「二八人」の内訳も一定しているわけではない。また、のちに毛沢東の党内覇権が確立するなかで、この言葉が反毛沢東的な派閥を指すレッテルとなり、「二八人」に入れられた党幹部の不当な処遇につながっていったという経緯があるため、中国では一九八一年以降この呼称を使うことが公的には忌避されている。歴史認識の変化によって、ある言葉が政治的色合いを帯びた呼称となることは、しばしば起こるが、「二八人のボリシェヴィキ」はその一例である。

さて、四中全会以後に上海の党中央を掌握した留ソ派は、その首領格の王明が駐コミンテルン中国代表としてモスクワにもどったため、その腹心の秦邦憲・張聞天らが中心となって、実務派の周恩来《しゅうおんらい》とともに党を取り仕切るようになった。この時期の中共中央の路線は、「極左」の誤った路線だったと総括されることになるが、それものちの毛沢東の権威確立に伴って下された評価である。

地下活動と「中央」

共産党の中央組織は、ごく短い時期を除いて、結党以来一九三〇年代初めまで、上海の租界の中に置かれた。租界が中国官憲の直接の干渉が及ばない場所だったからである。むろん、租界当局にしても、共産党の活動を野放しにしたわけではないが、一九二七年の南京政府の成立後、国民政府が租界にたいする影響力を強めるにしたがって、租界の「安全地帯」としての意味合いは大きく変化した。

とりわけ国民政府による主権回復の一環として、一九三〇年から翌年にかけて、上海の租界に中国側の特区法院（裁判所）が設けられたことの意味は大きい。中国人を当事者とする案件が中国の法律・裁判官によって裁かれることになったからである。これと並行して、租界警察によって検挙された政治犯の中国側への引き渡しも、遅滞なく行われるようになった。初期共産党のリーダーであった向警予・鄧中夏《とうちゅうか》・趙世炎《ちょうせいえん》・彭湃《ほうはい》・惲代英らの逮捕・処刑は、いずれも租界当局と国民政府との協力によって執行されたものである。

国民政府は、さらに「暫行反革命治罪条例」（一九二八年）、「危害民国緊急治罪法」（一九三一年）を制定し、「国民党、および国民政府の転覆、あるいは三民主義の破壊を企図する」活動を禁じるという名目で、共産党や左翼系団体の弾圧を強化したが、法的な根拠を持たないテロも、しばしば租界内の共産党組織に向けられた。中共党員の自首・転向・裏切りも相次いだ。かくて、一九三一年に幹部の顧順章《こじゅんしょう》・向忠発《こうちゅうはつ》らが検挙され、転向するに及んで、上海における中共中央は、事実上の機能停止に追い込まれたのだった。

このように、都市部の党組織は一九三〇年代半ばまでには、壊滅するか、活動停止に追い込まれるかのどちらかであった。だが、それにもかかわらず、党の影と声は街から容易には消えず、共産党の勢力は常に実態よりもはるかに大きく見積もられた。それは、共産党の持つ宣伝工作重視の政治文化によるものである。国共合作の時期においても、国民革命の宣伝活動のかなりの部分が共産党員によって担われていたように、共産党はそもそも新聞や雑誌の発行からビラまき・演説にいたる宣伝活動に、国民党をしのぐほど力を入れていた。その中身はともかくとして、いわば声が大きく響き、自らを等身大以上に見せる技量を備えていたわけである。「左翼」が幅を利かせる文壇や映画界において、都市部の知識人党員が巧みに活動したことも、それを後押ししたといえよう。

左翼系集会ののち，逮捕・連行される学生と労働者(1930 年，上海.『中国近代珍蔵図片庫　蔣介石与国民政府』).

2　武装蜂起と革命根拠地

南昌蜂起

一九二七年七月に、武漢国民党の分共により国共合作が崩壊したあと、共産党はコミンテルンの指示に従って、「武装蜂起」

路線に転じた。その第一声となったのが、八月一日に江西省の省都・南昌《なんしょう》で起こった武装蜂起である。この蜂起は、国民革命軍の中で共産党が動かし得た葉挺《ようてい》・賀龍《がりゅう》・朱徳《しゅとく》らの部隊を動員したもので、南昌を制圧すると、「中国国民党革命委員会」の名義で「革命の正統」を受け継ぐことが宣言された。つまり、革命を受け継ぐ真の国民党は南京や武漢の国民党ではなく、我らであるという大義名分を掲げたのである。それゆえ、発表された国民党革命委員会の名簿には、その場にはいなかった宋慶齢や陳友仁《ちんゆうじん》・張発奎《ちょうはっけい》といった左派系国民党員(非共産党員)の名前も載せられていた。現在、中国の人民解放軍は八月一日を建軍記念日としているが、それはこの南昌蜂起をもって共産党による軍事闘争の開始と見なしているからである。

共産党のねらいは、この蜂起をきっかけにして一部の国民党側の将領が味方についてくれることを前提に、南の広東に軍を返し、国民革命発祥の地で再起をはかるというものであった。それゆえ、蜂起軍は数日後に南昌を離れて南下したが、期待した国民党側の呼応はまったくなく、逆に離反と逃亡が相次いだため、南下部隊が九月末に広東に至った時には、ほぼ壊滅し、四散してしまうことになった。

一方、中共中央は南昌蜂起後の八月七日に、漢口で緊急会議(八七会議と称される)を開き、陳独秀らの既往の路線を批判するとともに、南昌蜂起軍に呼応して、農民運動の基盤のあった湖北・湖南などで秋の収穫期に蜂起する方針を決定した(秋収《しゅうしゅう》蜂起《しゅう》)。やがて独自の農村革命理論を生み出すことになる毛沢東(当時、中共中央候補委員)が、「今後は軍事にとりわけ注意しなければならない」と発言したのは、この会議でのことである。毛沢東は、北伐期に燃えさかった農民運動を、その猛烈ぶりを含めて高く評価しており、会議の決定をうけて起こされた湖南の秋収蜂起を指揮することになった。

共産党は、九月に入り各地で秋収蜂起を起こしたが、それらも南昌蜂起と同様に、当初は左派国民党の旗印を掲げたものであった。蜂起は、準備も計画も不充分なままなされたため、ことごとく失敗に終わった。なお、左派国民党の旗印は、国民党の南京・武漢の妥協成立をうけて九月下旬に取り消され、一一月に入ると中共中央は共産党の名のもとにソヴィエト政権を樹立することを決定、それを各地に通達している。だが、人名とも何ともつかないこの「蘇維埃《ソヴィエト》」なる新名詞に、武装暴動の失敗を挽回する余地は残されていなかった。南昌蜂起軍の残存部隊がたどり着いた広東省陸豊《りくほう》・海豊《かいほう》のソヴィエト政権、一二月の広州蜂起で樹立された広州ソヴィエトは、いずれも多くの犠牲者を出したのち、短期間で壊滅している。

かくて、六万人に近づいていた中共党員数も、一時は一万数千にまで激減し、党の第六回大会(一九二八年六〜七月)は、難を避けてモスクワで開催せざるを得ないほどであった。ここに、共産党勢力は都市でも農村でも一掃され、いったんは多くの人々の前から姿を消したのである。

農村根拠地の拡大

一九二七年九月の秋収蜂起が散々な失敗に終わった後、毛沢東は敗残部隊（名称は、工農革命軍第一軍第一師第一団）の一〇〇〇弱を率いて、井崗山《せいこうざん》へ入った。井崗山は湖南・江西の省境に位置する人口まばらな山岳地帯である。毛は、国共分裂直前の七月四日の党の政治局会議で、農民武装の可能性について言及したさい、「山に上る」ことを提起し、「山に上れば、軍事力の基礎をつくり出すことができる」と発言していた。また、八七会議でも、土匪《どひ》や会党といった農村のアウトローたちを積極的に取り込むべきだ、とも述べていた。当時、武漢でこれを語ったさい、かれがどれほどの現実感をもっていたかはわからないが、今やかれはそれを実行に移す必要に迫られたわけである。そして、かれはそれに成功した。

一九二七年一〇月に井崗山に入った毛沢東は、在地の緑林《りょくりん》である袁文才《えんぶんさい》や王佐《おうさ》らを取り込むことでそこに根を下ろした。緑林とは、山林などに拠り官吏や土豪に対抗した武装集団・群盗であり、しばしば「打富済貧《だふさいひん》」（富める者から奪い、貧しい者に施す）を掲げて義挙《ぎきょ》を行い、他方で盗賊まがいの行動にも及ぶこともあれば、官憲に代わって村々を実質的に支配することもあった。戦乱のために地方の治安が悪化した民国期には、こうした緑林や土匪が跋扈《ばっこ》したが、それらを巧みに取り込んで、かれらの「義挙」を共産党風に変えていったのである。

共産党風への改造の一環として、軍の規律化が「三大紀律」というわかりやすいスローガンのもとに進められたことはよく知られていよう。三大紀律とは、「行動は必ず指揮に従う」「人民のものは絶対に奪わない」「土豪から取りあげたものは独り占めせず、みんなのものにする」というごく単純なものである。裏を返せば、この簡単な紀律さえ、それまでの兵隊や緑林は守っていなかったわけで、それら言わずもがなのことを周知徹底させることが、人心を得る第一歩だったのである。この紀律は、あわせて制定された「六項注意」(のちに八項に増える)とともに、のちに民謡風軍歌に仕立てられ、共産党軍の行く先々で歌われることとなった。

「三大紀律八項注意」の宣伝のために1948年に制作された版画ポスター．人民共和国成立後も，「三大紀律八項注意」は人民解放軍の基本精神とされている(『解放区木刻版画集』)．

井崗山とその周辺では、こうした軍隊と在地勢力に依拠して、地主の土地を没収し貧しい農民に分け与えるという土地革命が試みられた。また、一九二八年四月には、南昌蜂起軍の残兵二〇〇〇人が朱徳に率いられて井崗山に合流し、中国工農紅軍第四軍が編成された。「紅軍《こうぐん》」の名称は、前年暮れの広州蜂起のさいに登場したもので、中共中央が「工農革命軍」を「工農紅軍」に改名すると決定したのであった。また、第一軍でなく、「第四軍」なのは、北伐戦争での奮戦で「鉄軍」の異名をとった旧国民革命軍第四軍の勇名を踏襲せんとしたからである。朱徳を軍長とし、毛沢東を党代表（のちに政治委員）とするこの紅軍は、やがて「朱毛紅軍《しゅもう》」と呼ばれ、共産党の象徴的存在になっていく。

南昌蜂起ののち、共産党が華中・華南で試みた大小一〇〇以上の蜂起は、その大半が無惨な失敗に終わったが、一部は国民党軍や地方軍の包囲・追撃を逃れ、毛沢東における井崗山のように、山岳地帯や沼沢地帯で生き延びることに成功した。各地でゲリラ戦と土地革命を展開し、政権樹立に至った場所は「革命根拠地」（ソヴィエト区）と呼ばれたが、その数は一九三〇年三月までに大小あわせて一五、紅軍六万余、銃器三万挺ほどを数えるまでになった。むろん、これらの根拠地は全てが順調に発展したわけではなく、土地の没収分配の基準をめぐる混乱、現地党員と外来党員の不和を背景とした内訌《ないこう》（粛清）などによって、多くの曲折をみた。湖南と湖北の省境地帯で根拠地を築いた賀龍のように、率いる全部隊がいったんは一〇〇人を切り、風前の灯火《ともしび》だったのを、持ち前の度胸と義兄弟の活躍ではね返したなどという、まるで任侠《にんきょう》映画を思わせる逸話が多く残っているのも、こうした根拠地創建期のことである。

党と農民

革命根拠地のできた場所は、地理的にいえば、その多くが省と省の境や辺鄙《へんぴ》な山岳・沼沢地帯であったが、既存権力の支配との関係からみれば、省政権と土着支配層の矛盾を抱えた地区（江西）、大小の軍閥による混戦が続いていた地区（福建・四川）にほぼ限定された。したがって、同じく農村地帯であっても、地方の支配層を取り込む形で省政権が確立していた場所（広東・広西・湖南など）では、共産党が武装割拠することは難しかった。巨視的にみれば、国民政府による統一化政策が進めば、革命根拠地はそれに反比例する形で、次第に存立の条件を奪われるという構造にあったといえるだろう。

さて、革命根拠地の現場に目を転じた場合、共産党・紅軍の予期せぬ到来と支配にたいして、在地の農民たちは、それをどう受けとめ、どういう態度をとったのだろう。共産党はかれらの支持をどのようにして獲得したのであろう。共産党が軍を率いて農村に入ったとき、それにまっ先に呼応したのは、人口の多くを占める貧農たちではなく、農村社会の流動分子ともいうべき「やくざ者たち」であった。それは井崗山における袁文才や王佐のように、義賊を気取る「土匪」「緑林」的存在の場合もあれば、正業についていない遊民の場合もある。

毛沢東が一九三〇年に実施した調査（共産党支配下にあった江西省興国《こうこく》県出身の兵士にたいする聞き取り）によれば、人口九〇〇〇人ほどのある地区に設立された革命政権の地方政府（ソヴィエト政府）の役員一八人のうち、博徒《ばくと》あがりの者七人を含む半数以上が遊民（あるいは、怪しげな職業の者）によって占められていた。既存の秩序を打ち壊す段階では、実直な農民ではなく、こうした「はみ出し者」こそが革命の同道者であり、荒廃した華南の農村社会には、こうしたあぶれ者がいくらでも存在した。先に紹介した「三大紀律・六項注意」も、規律行動になじまない遊民層を抱えざるを得なかった紅軍であればこそ、必要とされたといえるだろう。

　武装割拠がある程度定着し、いくつかの県城を含む領域を持つようになると、土地革命が行われ、その恩恵を受けた貧しい農民の中から基層の活動家が出てくるようになるが、その数は決して多くはない。革命運動に最も積極的に呼応したのは、中等学校レベルの青年男女、特に経済的に没落しつつあった中小地主家庭出身の若者である。新式教育のもとで学んだかれらは、さほどの抵抗感もなく革命思潮の影響を受け、あるいは経済的没落を逆転させうる政治変化に敏感に反応・便乗する形で、共産党に加わった。とりわけ、革命根拠地がやや安定し、行政的な実務に人材が必要となった時に求められたのは、実直ではあるが字も書けない貧農ではなく、古い殻に執着のないそれら若者だったのである。のちに中共指導者になるこの時期の入党者の多くが、旧郷紳層・富裕層の子弟であることは、決して偶然のめぐり合わせではない。

　そして今ひとつ、共産党が農村において勢力を伸ばすことのできた要因をあげるとするならば、共産党の持つ組織性・規律性が、それがたとえ限定的なものだったとしても、社会の組織性・共同性が著しく低い中国農村においては、相当に大きな統合力と規範性を持ち得た点であろう。共産党はこの意味において、やはり在来の義賊や緑林とは異なるのである。共産党が根拠地を構えた華南の農村は、華北に比べて農村社会の結合力が強かったとはいわれるが、例えば近世・近代日本の農村に比べれば、中国農村の結合力は格段に弱いのである。共産党は、その組織活動が村落内集団の紐帯によってはね返され、浸透できないという事態を、基本的に憂慮する必要はなかった。

農村革命の実際

ただし、共産党の組織性が農村において大きな規制力を発揮し得たということと、農村工作が党の理念どおりに受けとめられ、実行されたということは別である。これまた毛沢東が一九三〇年に江西省南部の尋烏《じんう》というところで行った社会調査によれば、文字を知っている者の割合は、いちおう四〇%ということになっていたが、その内訳は次のようなものだった。

「二〇〇字知っている」二〇%
「記帳できる」一五%
「三国〔三国志演義〕が読める」五%
「手紙が書ける」三・五%
「文章が書ける」一%

現在の中国では、農民の場合、一五〇〇字知っていることが識字の目安とされているから、この調査でいう「二〇〇字知っている」や「記帳できる」では、とても字を知っているレベル

共産党の根拠地で発行された紙幣(中央の肖像はレーニン). 根拠地での紙幣の肖像画には, 主にマルクスやレーニンが用いられたが, それは民衆にはどのように映ったのだろうか(『長征の道』).

ではないということになる。勢い共産党員たちは、党の掲げる方針や政策を文字ではなく、時に大胆に簡略化したスローガンによって、時に講談など語り物に似たふるまいによって伝達せざるを得なかった。農民にたいする影響が、党や紅軍といった組織よりも、むしろこうした大衆伝達に長けた個々の指導者への忠誠につながる傾向があったゆえんである。

また、農村をおおう「同族」「血縁」といった伝統的秩序は、共産党の組織的浸透をはねつけるほど強固ではなかったとしても、土地の再配分によって直ちに解体・再編できるほど脆弱なものでもなかった。その上、農村部では基層幹部のかなりの部分が、旧郷紳層・富裕層の人脈に依存する形で補充されたとなれば、自家の安全を最大の関心事とする農民たちが、郷村内の階級闘争運動をむしろ忌避したのは、何ら不思議ではあるまい。

さらにいえば、たび重なる包囲討伐を受けるなかで、根拠地の領域は変動常なく、最も安定していた根拠地の中心部ですら、共産党の統治が行われたのは、四年余りに過ぎない。この短い期間に、土地革命の推進が農村の既存秩序の解体や紅軍の拡充を生み、紅軍の拡充が支配領域の安定化とさらなる拡大につながるという循環が成り立つ余裕は、当時の農村根拠地にはまったくなかったといえるだろう。

革命根拠地の危うさ

かくて、土地革命の継続的実施を行えないまま、軍事支出ばかりが増大してしまう各地の革命根拠地の財政は、支配地域での徴発《ちょうはつ》の強化や、出兵による周辺地域の地主・土豪の財産没収といった一時しのぎに陥る危険性を常にはらんでいた。こうした行動は、党中央によって「流寇《りゅうこう》主義」「土匪的作風」と強く批判されたが、武装闘争の厳しい現実においては、特に根拠地の領域が不安定であればあるほど、容易には根絶されなかった。「汁を搾りきってしまったレモン」、これはいくつかの農村根拠地を指導した共産党幹部の張国燾《ちょうこくとう》が、とどまる価値のなくなってしまった根拠地を形容した言葉である。安定した根拠地の建設に失敗した後に残されたのは、しばしばこうした収奪の跡だった。

むろん、原則論に立つ党中央は、こうした地方組織の不甲斐なさを是正すべく、おりおりに通達・指示を出してはいた。だが、辺鄙な農村根拠地と党中央との間の迅速な意思伝達など、連絡文書の多くを人が運ぶような当時の通信状況のもとでは望むべくもなかった。極端な例をあげれば、モスクワで開催された党の第六回大会の決議が福建西部の根拠地に届いたのは、大会から四、五カ月も後であり、それがあらためて印刷に付されて根拠地内に行き渡るには、さらに五カ月ほども要したのだった。かくて、党中央がある誤った路線の是正に乗り出した時に、根拠地ではようやくその誤りとされる路線の実行がはかられるといった笑えない時差現象が起こったりもしている。

こうした不安定な通信状況は、根拠地の党指導部が現地の実情にあった方針を独自に模索することを可能にする一方、中央から各根拠地に――往々にして現地の実情にはうとい――巡視員が派遣される場合には、その巡視員の権威が極度に肥大化し、逆に根拠地を混乱させるというゆがみをもたらすこともあった。

紅軍という組織

「政権は鉄砲から生まれる」という毛沢東の言葉を待つまでもなく、農村革命根拠地の生存にとって最も緊要なのは、武装割拠のよりどころとなる紅軍の拡充とその掌握であった。当初、紅軍の有力な構成員であった土着のアウトローたちは、粛清などを通じて次第に紅軍から排除され、それに代わって土地革命の恩恵を受けた若き農民たちが大きな割合を占めていくようになる。

軍（紅軍）に対する政治（共産党）の指導性は、軍の各級組織に置かれた党代表（のちに政治委員）によって保証されることになっていた。党代表制は、ソ連赤軍のコミッサール（政治委員）に範をとったものであり、実は連ソ政策のもとで創設された国民党の国民革命軍でも採用されていた。もっとも、国民党軍の党代表制は、北伐期における蔣介石への権力集中に伴い、次第に有名無実化し、一九二八年には廃止されている。

紅軍における政治委員の職権は、「全ての軍事活動・軍事行政を監督する権力」を持ち、「軍事指揮員(司令官)の命令を停止する権限を持つ」という規定にあきらかなように、強力なものだった。毛沢東をはじめとする根拠地の指導者が、軍権とならんでこの政治委員のポストにこだわったゆえんである。また、紅軍は党の軍であると同時に、政府(各地のソヴィエト政権)の軍でもあるという両属性を持っていたが、それを反映して、政治委員も紅軍内における「ソヴィエト政権の代表者であるだけでなく、共産党の全権代表でもある」と規定されていた。党と国家(政府)に両属するという軍のありようは、今日の人民解放軍にも通じるものである。

紅軍は、「敵が進めば我は退く、敵が止まれば我は撹乱する、敵が疲れれば我は打つ、敵が退けば我は追う」(敵進我退、敵駐我擾、敵疲我打、敵退我追)の言葉に代表されるわかりやすい遊撃戦術と「革命農村によって都市を包囲する」という戦略を掲げた。それらは毛沢東の革命路線としてよく知られているものではあるが、前者によく似たゲリラ戦の簡潔な要諦は、別の根拠地で活動していた曾中生《そうちゅうせい》によってもつくられていた。また、農村による都市の包囲についても、都市部での党勢の後退を現実として突きつけられていた上海の活動家(何《か》孟雄《もうゆう》)らは、一九三〇年に同様の方針を提起している。

要は、広大な農村を革命に引き入れる構想を、中共党員はそれぞれに模索していたのであって、それを農村の実情とより結びつける形で定式化したのが、のちの毛沢東だったのである。

マルクス主義の公式を振りかざすコミンテルンや党中央からの抑圧にもかかわらず、毛が農村革命の指導者として、実績を重ねていったのは決してゆえなきことではない。

長沙占領の衝撃

一九三〇年七月末、中共軍が湖南省の省都・長沙《ちょうさ》を占領、湖南省ソヴィエト政府の樹立を宣言したという突然のニュースが世界を驚かせた。長沙を占領したのは、彭《ほう》徳懐《とくかい》麾下《きか》の中国工農紅軍第三軍団を主力とする約一万、中原大戦で混乱する国民政府の隙をついた奇襲だった。これと前後して、朱徳・毛沢東の率いる紅軍部隊も南昌を攻撃している。もっとも、こちらは強力な国民党守備軍の防備を破ることができず、多くの犠牲者を出して撤退した。

　中共の今日の見解によれば、これらは当時上海にあった党指導者・李立三が「新たなる革命の高潮がすでに目前に迫っている」という見通しのもとに推進した一連の無謀な大都市攻略方針のあらわれということになるのだが、むろん、当時の人はそんな事情を知るよしもない。長沙を占領した中共軍は、反撃を受けてわずか一週間で撤退したが、辺鄙な農村に四散したはずの「共匪《きょうひ》」が、一時的にせよ、人口三〇万の大都市を制圧したインパクトは、蒋介石をはじめとする国民党指導者に、共産党勢力の侮りがたいことを実感させるのに充分だった。蒋介石は中原大戦に決着をつけると、ただちに江西省南部の「共匪」の掃討に取りかかった。

　第一回の共産党根拠地掃討作戦（包囲して討伐するという意味で、「囲剿《いそう》」と呼ばれる）は、一九三

○年一一月から翌年一月まで行われた。続いて、三一年四月から五月までの第二回囲剿、七月から九月の第三回囲剿がそれぞれ行われたが、いずれも成功をみなかった。紅軍側の巧みな遊撃戦によって、深追いした国民党軍の部隊が逆に包囲・殲滅《せんめつ》された例も少なくない。また、例えば第三回囲剿戦のように、蔣介石が自ら討伐の指揮をとり、かなりの線までいきながら、決戦を前に満洲事変が勃発したために囲剿戦が中断され、直後に囲剿に動員されていた国民党軍一万七〇〇〇がまるごと共産党に寝返る(寧都《ねいと》蜂起と呼ばれる)ということも起こった。要は、統治体制の安定と対内的統一を欠いたまま、国民政府が武力だけを頼みに紅軍を掃討することは——かりに対日政策において国益を犠牲にしても——難しかったのである。

中華ソヴィエト共和国

三度にわたる囲剿が不徹底に終わったことにより、共産党の農村根拠地はさらに拡大し、湖南省境から江西南部・福建西部がひとつながりになった広大な根拠地が出現した。これより先、毛沢東らは一九二九年初めに井崗山から撤退して江西省南部に移り、ここを中央根拠地としていた。第三回囲剿を撃退したあとの一九三一年一一月七日、ロシア革命記念日に合わせて、この地の瑞金《ずいきん》を首都に、「中華ソヴィエト共和国」の建国が宣言された。支配下の人口は、遠隔地の鄂豫皖《がくよかん》根拠地(湖北・河南・安徽の省境地帯、人口三五〇万人)などを合わせて、約一〇〇〇万である。四億を超す全人口にたいしていえば、ごく小さい「国」であり、またその領域も絶えざる囲剿のために一定せず、結果的には三年で潰えるのだが、同時代の世界を見た場合、これがロシア革命とは異なる、農村武装割拠という革命運動の結果として成立したことの意味は決して小さくはない。

中華ソヴィエト共和国臨時政府の主席には毛沢東が、副主席には項英《こうえい》と張国燾(張は当時、鄂豫皖根拠地にいた)が、そして軍事委員会主席には朱徳が、それぞれ就任した。同時に、「憲法大綱」も制定され、政権の性質は労農民主独裁であり、全ての勤労大衆を代表すると規定された。この「憲法大綱」には、共産党に関する明文の条項、例えば共産党の国家・政府にたいする指導を謳うような規定はなかったが、党が政府の上にあることはあきらかだった。

例えば、臨時政府主席の毛沢東にしても、党内の地位は八人の中央局のメンバーの一人に過ぎない。当時、党の実権を握っていたのは、コミンテルンの支持をバックに、李立三路線を批判してのし上がった王明・秦邦憲ら留ソ派の幹部であった。同様に、軍事指導にしても、党の中央軍事委員会書記は朱徳ではなく、周恩来であった。いわば、毛沢東や朱徳は、中央根拠地を切り開いた実績ゆえに、名目的には高い地位に置かれたが、必ずしもそれに見合う実権を伴ってはいなかったのである。

こうした傾向は、上海にあった共産党中央が一九三三年初めに中央根拠地に移転してくると、さらに顕著となった。毛沢東は、それまでの遊撃戦路線が、「狭い経験論」であるとか、「右傾」であるというような批判を受けて軍事指導権を取りあげられ、臨時政府の仕事に専念するよう仕向けられてしまった。要は、政府主席とはいっても、党の軍事委員会書記や軍の政治委員ほどの実権を持たない名誉職なのである。一九三二年一〇月に開催された共産党の会議（寧都会議）において、毛沢東は「右傾」を理由に党の第一線の活動から排斥され、その後二年間、不遇をかこつことになった。

付言すると、中華ソヴィエト共和国は、一九三二年四月に「対日戦争宣言」を発している。つまり、国として日本に宣戦布告をしているわけである。もっとも、中国内地にあるこの「国」が日本軍と戦うことは現実としてまったく不可能であったから、これを全国政権としての国民政府の対日宥和政策と同列に論じることはできない。また、その「対日戦争宣言」の内容にしても、「日本帝国主義と直接戦うためには、まず第一に……国民党の反動的支配を打倒しなければならない」というロジックになっていたから、いわば蔣介石が唱える「安内攘外」とは「安内」の中身が反対なだけで、実はよく似た思考回路だったといえるだろう。

紅軍の敗北

国民政府の第四回囲剿（一九三二年七月～一九三三年三月）は、このソヴィエト共和国にたいして、六〇万の兵力を動員して行われた。国民党軍の精鋭にあたる中央軍が投入されたこの戦いの第一段階で、共産党側は鄂豫皖根拠地を壊滅させられるなど、苦戦を強いられたが、第二段階の中央根拠地をめぐる攻防では、毛沢東に代わって軍事指揮にあたった周恩来らの奮闘で、囲剿を撃退することができた。蔣介石は日本軍による熱河侵攻（一九

第４回囲剿戦において移動中の紅軍部隊．武器も服装もさまざまであることがわかる（『長征の道』）．

三三年二月）が起こったこともあり、囲剿の一時中断を余儀なくされたが、日本に大幅譲歩した塘沽《タンクー》停戦協定で華北問題に区切りをつけると、ただちに第五回の囲剿に乗り出した。

一九三三年一〇月に開始された第五回囲剿において、紅軍は完敗を喫する。蔣介石は中央根拠地にたいして、正面だけで四〇万、後備も含めれば一〇〇万の軍を動員しただけでなく、要所要所にトーチカ陣地を築き、紅軍の遊撃戦を封じながらじりじりと包囲をせばめていくという戦術をとった。さらに、「軍事三分、政治七分」の方針のもとに、農村に連帯責任制（保甲制）を布いて周辺の農民を紅軍から引き離し、経済封鎖によって根拠地を締め上げた。中央根拠地で自給が困難だった塩を例にあげると、一九三〇年前後の一人一日あたりの塩の消費量は二六グラムだったのに、一九三四年八月にはそれが一・六グラム、つまり生命維持ギリギリの量にまで減少している。もって、経済封鎖の厳しさが知れよう。

対する紅軍側には、コミンテルンから派遣されてきた軍事顧問オットー・ブラウンが加わっていたが、単なる作戦指揮の妙では、圧倒的な包囲攻撃をはね返し戦局を打開することは難しかった。共産党側は、決戦に向けた「緊急動員令」を一九三三年一〇月に出すのに先立ち、大がかりな紅軍拡大運動を展開していたが、四度にわたる囲剿戦によって疲弊していた根拠地に、それに応えるだけの余力はもはやなかったのである。

紅軍は本来、土地革命の恩恵を受けた農民たちによる志願制が基本であったが、第五回囲剿を前にした紅軍拡大運動では、実質的な徴兵制による根こそぎ動員へと変わっていたし、強制的な食糧供出令によって、前線付近では民衆の敵側への逃亡も頻発していた。かくて、「緊急動員令」が出された前後には、早くも中央根拠地の北の関門にあたる黎川《れいせん》が陥落、さらに翌三四年四月には、最大の決戦と目された広昌《こうしょう》(瑞金の北一〇〇キロの要衝)の防衛戦でも多大な死傷者を出して敗北し、中央根拠地の崩壊は時間の問題となったのだった。

3　長征と毛沢東

軍事的敗北と西征

戦局が絶望的となるなか、共産党は中央根拠地からの撤退を決定、一九三四年一〇月上旬に党中央が瑞金を撤収した。同時に、紅軍の基幹部隊である第一方面軍の主力八万余りが西へ向けて移動を開始した。世にいう「長征《ちょうせい》」の始まりである。

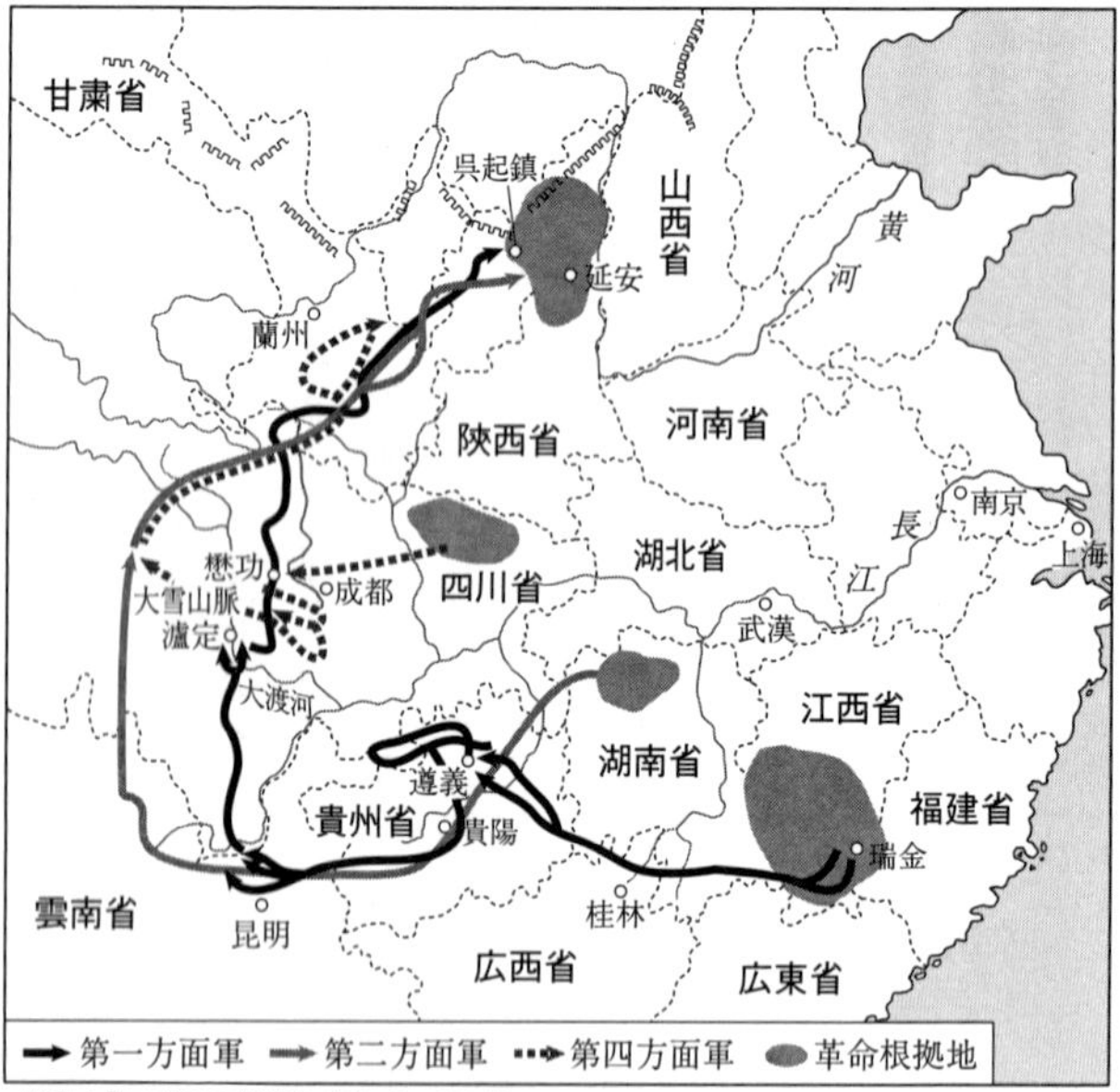

出典：『アジアの歴史と文化 5』170 頁

「長征」の推移

共産党の神話として、今日まで語り継がれる「長征」は、革命の生き残りをかけたまる一年にわたる大行軍（「二万五千里の長征」と称される）のことであるが、当初は中央根拠地の軍事的窮状を打開するための「戦略的転進」として始まったもので、具体的な目的地を設定して開始されたものではなかった。「長征」の名も事後につけられたもので、包囲網を突破した直後には、湖南省北西部の賀龍の部隊との合流を目指し、それゆえに「西征」と呼ばれた時期もある。この間、紅軍将兵の大半には戦略的見通しは示されなかった。

中央根拠地には、陳毅《ちんき》・項英ら約三万の部隊（正規兵は七〇〇〇ほど）が残されたが、かれらは、しばらくすれば転進した主力部隊が根拠地を奪還しにもどってくるはずだと考えていた。当時の「戦略的転進」は西方への一時的移動であり、根拠地の完全放棄ではないとみられていたのである。

包囲突破作戦は、中央根拠地の南西部分、国民党軍の側からいえば南路軍（広東軍系）の戦意の低い部分を突破することで始まった。南路軍を指揮する陳済棠《ちんさいとう》との間で、事前に密約ができていたため、最初の突破こそ順調にいったものの、大量の機材を運搬しながら西進する大部隊は、一一月末に広西省北部の湘江《しょうこう》の封鎖線で捕捉され、大打撃を被った。瑞金を出発してわずか二カ月の間に、兵力は三分の一に激減したといわれている。国民党軍の防御体制が固いため、湖南北西部への進軍は断念され、紅軍はさらに西進して貴州《きしゅう》省に入った。この時点で、いったん湖南の根拠地で体勢を立て直し、中央根拠地の奪回を目指すという見通しは完全に潰えた。年の改まった一九三五年一月初め、紅軍は貴州北部の遵義《じゅんぎ》にたどり着いた。

遵義会議伝説

遵義を占領した紅軍は、ここで二週間の休息をとるとともに、兵士の補充を行った。そして、のちに中国革命史上の起死回生の転機となったと評される中央政治局拡大会議、すなわち遵義会議（一月一五～一七日）を行った。なぜ敵の包囲攻撃を撃退でき

遵義会議を描いた油絵（部分，1997 年作）．毛沢東をはじめとして，後年有名になる共産党の主な指導者たちはすべて描き込まれている（『中国革命博物館蔵品選』）．

なかったのか、その軍事指揮の誤りはどこにあったのかを総括するためである。

軍団長レベルの党幹部を含め、二〇人が出席したこの会議で、毛沢東は第五回囲剿戦以来の軍事指導を厳しく批判してその責任を追及した。秦邦憲とブラウンは誤りを認めようとはしなかったが、かねてより毛の実力を認め、党内の宥和を重視する周恩来は、自己批判して敗北の責任を認めた。張聞天・王稼祥《おうかしょう》といった留ソ派幹部も毛を支持したため、ここに会議の大勢は決した。長征の途上において、毛はおりに触れて張聞天・王稼祥といった留ソ派の幹部に働きかけ、かれらの支持を取り付けることに成功していたのである。会議の結果、毛沢東が政治局常務委員に、すなわち党の指導部に復帰して軍事指導の補佐を担当することが決定された。

この会議は、毛沢東の指導権確立の指標（すなわち毛沢東神話の重要なピース）とされ、半ば伝説化されてきたものだが、かれがこの会議自体で得たものは、実は存外少ない。軍事指導の面でいえば、秦邦憲に代わって責任者となったのは周恩来であって、毛沢東はそれを補佐する役割を与えられたにとどまる。毛沢東が軍事指揮の面で、実質的な力を持つようになるのは、毛沢東・周恩来・王稼祥の三人からなる非公式の軍事指揮体制が成立する三月以降のことである。

さらに、党の職務についていえば、秦邦憲の総責任者の地位は遵義会議では解任には至らず、またかれがその地位から下りたあと(二月初め)に総書記に就いたのは、張聞天であった。党の路線自体の是非や変更は、軍事指導のそれとは異なり、コミンテルンとの通信手段を失った状態で決定できるようなことではなかったのである。さらにいえば、軍事的な敗北が党の一連の路線の誤りに淵源するというような認識は、当時の党内にはなかった。毛沢東ですら、「遵義会議は博古(秦邦憲)の他の誤りを正しただけで、そのセクト主義や冒険主義などの問題が路線の誤りであるということを指摘しなかったが、それでは不十分だった」ということを認識したのは、長征を終えてのちのことである。

遵義会議が毛沢東の党内権力確立の一ステップとなったことは疑いを容れない。だが、かれが真の意味で共産党の最高指導者となるには、会議後の軍事指導の成功とそれを背景とした党内権威の確立、具体的にいえば、従来の党の路線が誤りであったという上述の認識を、張聞天や周恩来といったかれと同等、ないしはその上に立つ指導者たちに認めさせる必要があった。そこに至るにはなお曲折があり、毛は何よりもまず、この長征を成功裏にどこかへ導いていくという難題に立ち向かわなければならなかった。

張国燾との権力闘争

遵義会議が行われていたころ、張国燾らの率いる第四方面軍も四川・陝西省境の根拠地を放棄して西進をはじめた。また、賀龍らの紅軍(のちの第二方面軍)も一九三五年一一月に湖南北部の根拠地を出発して長征の途についた。毛沢東の第一方面軍を含むこれらの紅軍部隊は、国民党軍の執拗な追撃とあまたの困難をくぐり抜けながら——その英雄譚はエドガー・スノーの『中国の赤い星』に詳しい——行軍を続けた(本章扉写真参照)。

二万五〇〇〇里とされるその逃避行の跡は、当時の中国世界の辺境線をなぞるものである。その内側には国民党軍・地方軍閥の封鎖線があり、その外側には不毛の荒野や高山、そして漢族に敵意を持つ少数民族の居住地が広がっていた。紅軍はその両世界の境を綱渡りのように進んでいったといえるだろう。国民党軍は紅軍主力の捕捉・殲滅には失敗したが、紅軍を追撃する過程で、それまで中央政権の力がなかなか及ばなかった湖南・貴州・雲南・四川に軍を進め、道路建設や地方政権の改編を通じてこれらの地域にたいする統治を強化することに成功した。中央政権に組み入れられたこれら西南の諸省が、のちの抗日戦争で国民政府の地盤になったことを考え合わせるならば、これは長征のもたらした副産物だったといえるかもしれない。

遵義会議から半年後の一九三五年六月、約二万の第一方面軍は追撃をかわしつつ、張国燾の第四方面軍が待つ四川省懋功《ぼうこう》県に到着し、二つの軍は合流した。この時、張国燾は第一方面軍内部だけの政治局会議であった遵義会議の決定に異を唱えて、党中央の改組を要求し、さらに長征の進路と目的地の設定にも問題提起を行った。張は党創立期からの実力者で、麾下の第四方面軍は、張に忠誠を誓う八万の大部隊である。長らく別々の根拠地を率いてきたため、毛と張が顔を合わせたのは実に八年ぶりであった。

北上して抗日戦線の一翼を占め、西北地区に新たな根拠地を築くべきだとする毛沢東らと、四川西部に根拠地を築き、新疆《しんきょう》―ソ連へのルートを開拓すべきだとする張国燾の主張は、まっ向から対立した。九月上旬、北上か南下かの議論の決着がつかないまま、毛沢東ら政治局メンバーの多数からなる党中央は、八〇〇〇の第一方面軍主力とともに強引に北上を開始するに至る。そして、四川省北部から甘粛《かんしゅく》省を抜け、一〇月一九日に陝西省北部(陝北)の呉起鎮《ごきちん》に到着、毛沢東の長征はここに完了した。

一方、党中央に置き去りにされた張国燾は、一〇月ついに自ら第二中央を樹立する挙に出たものの、国民党中央軍や四川軍の追撃を受けて兵力と威望を失い、その結果、翌一九三六年六月には自らの中央を取り消さざるを得なかった。その後、かれの軍は、遅れて長征を開始した第二方面軍と合流、陝北を目指すこととなった。一九三六年一〇月、第一・二・四の主力軍は、甘粛省会寧《かいねい》で合流、ここに「大長征」は幾多の伝説とドラマを残して終わったのである。

毛沢東らが最終的に陝北を目指したのは、ここに劉志丹《りゅうしたん》らの切り開いた共産党の根拠地があるという情報を長征途上でつかんだからだった。むろん、国民党側は殲滅し損なった紅軍が陝西にたどり着いたらしいという情報をつかむと、ただちに一九三五年一一月に攻囲を行ったが、共産党側は陝北の紅軍を動員してそれを撃退することに成功した。ただし、かつての中央根拠地に比べ、人口も少なく、生産性も著しく低い陝北では、万余の軍を維持・拡大することが極めて困難なことは、誰の目にもあきらかだった。

コミンテルン第七回大会と「八一宣言」

また、革命路線の点でいっても、毛沢東ら北上を主張する党中央は、「抗日」を掲げてはいたものの、陝北到着直後には、相変わらず「中国ソヴィエト運動の基盤強化による迅速な全中国の赤化」を呼びかけていた。長征をはさんで、党の路線が「ソヴィエト革命」から「抗日戦線の樹立」へ簡単に切り替わったわけではないことを示していよう。

共産党の路線が、抗日統一戦線の樹立に転換していく上で大きな契機となったのは、中央紅軍の陝北到着から一カ月ほどたった一九三五年一一月中旬に、陝北の共産党にもたらされたコミンテルン第七回大会の新方針(反ファシズム・反侵略のための統一戦線の樹立)であった。この新方針にもとづいて一九三五年八月一日に中共中央の名義で発せられたのが、抗日民族統一戦線を呼びかけた「八一《はちいち》宣言」である。もっとも、国民党をも含む幅広い勢力(ただし「売国奴」と認定されていた蔣介石は除外)に共闘を呼びかけるこの画期的な宣言は、モスクワの王明ら中共代表団が出したものであり、長征途上の共産党はその内容を知らぬまま、陝北に到着したのだった。その後、コミンテルンから陝北に派遣されてきた張浩《ちょうこう》(林育英《りんいくえい》)を通じて、はじめてこの新方針を知ったというわけである。

陝北到着後の中共中央の幹部たち(1937年12月).左から張聞天,康生,周恩来,凱豊(何克全),王明(1937年11月帰国),毛沢東,任弼時,張国燾(『張聞天図冊』).

新路線への転換

コミンテルンの新方針は、共産党の革命根拠地に関する認識に質的転換をもたらした。その新方針を受け、一九三五年一二月に開催された中共中央政治局会議(瓦窰堡《がようほ》会議)では、ソヴィエト革命に代わって抗日民族統一戦線の結成が当面の課題であることが確認された。かくて、共産党は、「反蔣抗日」の旗のもとに、根拠地の存在を軍事力ではなく政治的に保証するという新たな発想にもとづいて、周辺の政治・軍事勢力(具体的には、陝北の根拠地を包囲していた張学良や楊虎城《ようこじょう》の軍)に対する連携工作を本格化させることが可能になったのであった。

かつて一九三三年一一月に、第一次上海事変での抗戦で勇名をはせた国民党軍（一九路軍）の一部指導者たちが、「反蒋抗日」を掲げる「福建人民政府」を福州《ふくしゅう》に樹立したさい（福建事変）、中央根拠地時代の共産党は、隣接するこの反蒋政権といったん不可侵協定を結んだものの、直後には「人民的でもなければ、革命的でもない」という批判の態度に転じ、蒋介石の攻撃を受けるこの人民政府を見殺しにしたことがあった。それから二年を経て、共産党の認識は大きく変わろうとしていたのである。

読者はあるいは、こう問うかもしれない。日本の侵略がすでに現実のものなのだから、党の路線を「抗日」に切り替えるのは当たり前ではないか、なぜにコミンテルンの方針変更を待たねばならないのか、と。今日的な常識からいえば、確かにもっともだが、やはり中共はコミンテルンの支部であるということの重みをあらためて考えねばなるまい。共産主義運動の総本山コミンテルンの権威とは、かくも強いものなのである。

ちなみに、長征以来途絶していたモスクワと中共の電信連絡が正式に回復したのは、一九三六年六～七月のことだったが、それはそれでモスクワが、再び党の大小の活動に口出しすることを意味してもいた。共産党の抗日統一戦線方針が軌道に乗るまでには、なおしばらくの試行錯誤が待っているのである。

第4章　帝国日本に抗して

上海で発行された映画グラフ雑誌『電通』(1935年)とそこに紹介されている抗日映画「風雲児女」の主題歌「義勇軍行進曲」(『中国革命博物館蔵品選』).

1　日本の華北侵略

「満洲国」への対応

満洲国の版図拡大を目指して一九三三年二月に始まった関東軍の熱河《ねっか》作戦は、長城を越えて関内（長城の南側）へと及んだ。北平《ほくへい》・天津にまで戦火が及ぶことを危惧した中国側の申し入れで、五月末に河北省塘沽《タンクー》で停戦交渉が行われ、日本側の一方的な要求をのむ形で停戦協定（塘沽協定）が結ばれた。日本側の要求とは、冀東《きとう》（河北省北東部）を非武装地帯とし、以後中国軍が駐屯しないこと、日本軍はその実施経過を任意に査察できることであり、中国の協定遵守確認後に日本軍はおおむね長城線に撤兵するとされた。実は、長城線の北には、行政上河北省やチャハル省に属する地域もあったから、これは河北・チャハルの一部も関東軍の占領下に置くことを承認するものであった。ここに、九一八事変以来の軍事行動は一段落を告げ、日本による満洲領有と満洲国の領域とが、「軍事停戦」の協定によって、事実上確定することとなった。

国民政府が日本の傀儡《かいらい》国家「満洲国」を承認することはなかった。塘沽協定締結のさいに、中国側が北平政務整理委員会（委員長・黄郛《こうふ》）と軍事委員会北平分会（委員長代理・何応欽《かおうきん》）を設けて、この地方当局の軍が、東北の「地方当局」の軍である関東軍と停戦するという苦心の形式

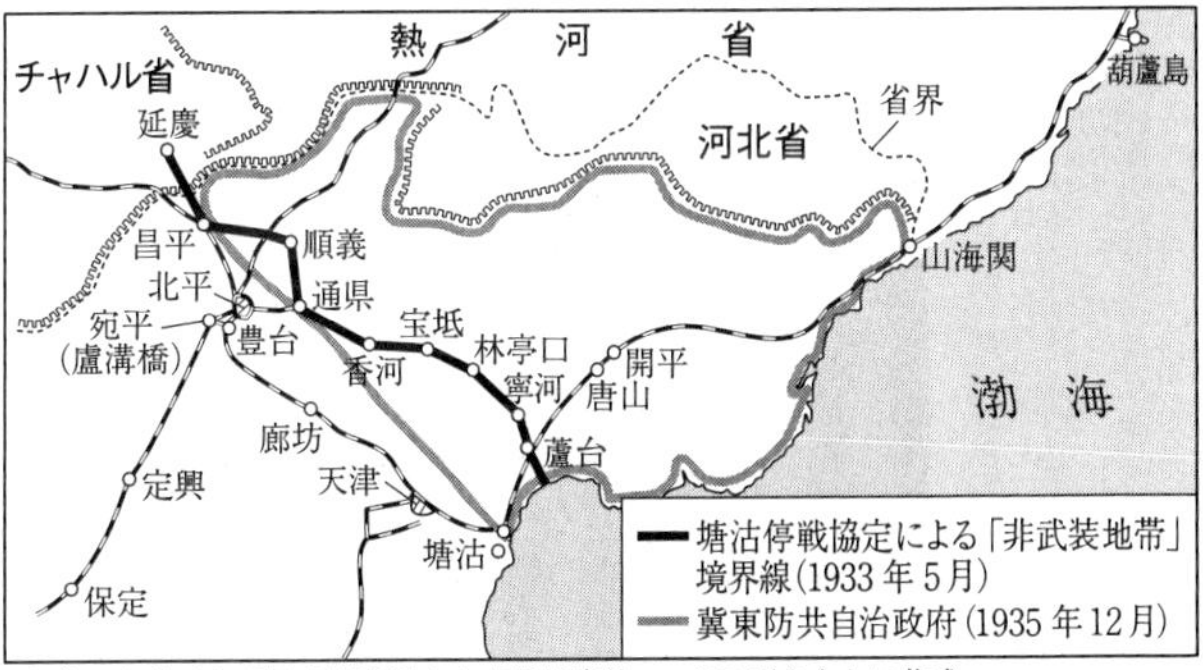

出典：安井三吉『柳条湖事件から盧溝橋事件へ』133頁をもとに作成

塘沽停戦協定関連地図

を編み出したゆえんである。ただし、「満洲国」との隣接地である河北に、こうした中国側の出先機関が設置されたことは、日本側から見れば、停戦後に傀儡化をはかるべき新たな目標が出現したということでもあった。関東軍側は翌三四年に、この華北の当局との交渉を通じて、満洲側と中国側の鉄道輸送・郵便交換・関税など実務に関する協定を結び、満洲国を事実上承認させるに至る。国家主権にかかわる懸案が、日本側の出先である軍部と中国側の出先機関との間で処理されるといういわゆる「現地解決方式」の定着である。

満洲国から満洲帝国へ

塘沽協定締結によって領域が確定した満洲国は、一九三四年三月に執政の溥儀《ふぎ》が皇帝に即位したことによって、日本の天皇制を模した帝制(満洲帝国)にあらためられた。帝制になったのは、日本側が九一八事変直後に溥儀を連れてきて「執政」に据えた時に、そのむねを約束してい

皇帝即位後に日本を訪れた溥儀．昭和天皇と儀礼用馬車で観兵式に臨む（1935 年 4 月．毎日新聞社）．

たからである。ただし、かれに与えられたのはまさに「皇帝」の名のみだった。満洲国は、つとに日本の承認を受ける（一九三二年九月）にさいし、日本権益の尊重、日本軍の駐屯、日本人官吏の任用などを認めており、実質的には日本の植民地にほかならなかったが、帝制移行にあたっては、それによって日本の国策遂行を阻害・牽制するような真似をしないこと、日本人官吏の地位を確実にすることが念押しされた。

満洲国は当初、立法・行政・司法・監察の四権分立制をとっていた。だが、立法院は結局置かれず、また監察院ものちに廃止されたので、残ったのは国務院と法院（裁判所）だけだった。民衆に参政権はないのだから、これだけあれば統治には事足りるのである。国務院など行政の各部署の長には東北各省の旧実力者が据えられたが、中央でも地方でも実際に行政を動かしたのは、一九三五年時点で高等官の半分を占めるまでになった日本人官吏であった。かれらは行政各部を実質的に掌握する「総務庁」を通じて、そして関東軍司令官は「内面指導」と呼ばれる非公式の操縦手段を通じて、この擬制国家を統治した。つまりは、溥儀が皇帝だとすれば、「駐満洲国大使」を兼ねる関東軍司令官こそが「太上皇」だったのである。

日本は満洲国という植民地を、国家総力戦体制確立のための資源供給地とするだけでなく、その資源を利用する重化学工業の建設地、そして対ソ戦の戦略的基地と位置づけた。さらに不況にあえぐ日本農村の過剰人口のはけ口として、日本人農業移民を本格的に入植させた。移民が本格化するのは一九三七年以降であるが、現地農民から極めて安い値段で強制的に買い上げた「沃土」に移住した日本人開拓移民は、一九四五年までに約三〇万に達したといわれている。この日本人入植は、統制経済政策の骨幹となる「満洲産業開発五カ年計画」(一九三七年開始)、および対ソ戦備の強化を目指して着手された「北辺振興計画」(一九三九年開始)と合わせて、満洲国の三大主要政策となった。

反満抗日闘争

中国東北部の抵抗運動は、旧東北軍系の軍人(馬《ば》占山《せんざん》や蘇《そ》炳文《へいぶん》など)による局地的武力抵抗が日本軍の討伐を受けて鎮圧されたのちも、「反満抗日」を掲げるゲリラ戦の形でやむことはなかった。多くの朝鮮人移民が暮らす東北地方では、一九二〇年代に広まった共産主義思想の影響で、中国人と朝鮮人の反日闘争組織が、一九三〇年には中国共産党の下部組織にまとめられていた。共産党系の抗日武装組織は、当時の中共中央の極左・観念的路線の影響や中・朝活動家の軋轢のために、抗日の気運を結集しきれずにいたが、抗日武装組織が次第に掃討されていくなかで、考え方の転換を迫られた。

転機となったのは、一九三三年にモスクワの中共代表団が中共満洲省委員会に宛てた一月書簡と、その指示を貫徹すべく翌年にソ連から呉平《ごへい》(楊松《ようしょう》)が東北に派遣され、非共産系の抗日部隊との連携を指導したことだった。かくて、「紅軍」から改編された楊靖宇《ようせいう》らの東北人民革命軍は、一九三四年後半から翌年にかけて、統一戦線色を強め、一九三六年初めの東北抗日聯軍《れんぐん》へと発展していくことになる。モスクワの中共代表団は前述したとおり、一九三五年に「八一宣言」を出すわけだが、それに至る前段階として、中国東北部でのこうした抗日統一戦線の試行があったのだった。

東北抗日聯軍の発展は顕著で、最盛期の一九三七年夏には、約四万にまで隊伍を拡大したといわれている。聯軍の中には、日本人入植者のために土地を奪われた地主の謝文東《しゃぶんとう》など、非共産党員の軍長に率いられた部隊もあり、民衆の支持を受けて果敢にゲリラ戦を展開した。また、民族独立のため抗日に立ち上がった朝鮮人が多数聯軍に加わっていたという事情を踏まえて、朝鮮人を中心にした部隊も編成された。その中には、中朝間の間島《かんとう》や長白山《ちょうはくさん》一帯で活動した金《キム》日成《イルソン》の部隊も含まれている。

切り離されていく華北

塘沽停戦協定によって事実上の満洲国の分離を中国側に認めさせて後、日本では、「焦土演説」(国を焦土としても、満洲国を承認する)で知られた内田康哉《こうさい》に代わって、一九三三年九月に広田弘毅《こうき》が外相に就任した。広田は、中国に対しては「親善」を標榜し、欧米諸国に対しては「和協外交」をかかげて、連盟脱退後の外交立て直しをはかった。実際、塘沽停戦協定から一九三六年一一月の綏遠《すいえん》事件に至るまでの三年半ほどは、日中間に大きな戦闘は起きていない。

この間、排日政策の放棄、反日運動の根絶を求めた日本側に対して、「蔣汪合作」体制の国民政府も「安内攘外」政策のもと、宋子文や孫科といった政府部内の対日強硬派を抑えて、対日妥協による関係安定をもとめた。かくて、一九三五年五月には、日中間の大使交換が実現した。日本と中国との外交レベルは、清朝のころからそれまでずっと公使級だったのである。

ただし、表面的な親善ムードとはうらはらに、この間も日本軍部による華北分離工作は着々と進められていった。熱河作戦において、日本側は東北から南下した関東軍が主戦となり、華北の支那駐屯軍は補給や謀略工作といった側面支援にあたっていたが、一九三五年の華北分離工作で主役となったのは、天津に司令部を置く支那駐屯軍であった。一九三五年五月に起こった天津租界内での親日系新聞社の社長暗殺や、非武装地帯での騒擾《そうじょう》を受け、支那駐屯軍はこれを国民党による排日策動のゆえだとして、河北省からの中央軍・国民党機関の撤退を要求した。受諾もやむなしとした国民政府の許可を得て、何応欽は六月にこの要求をのんだ。支那駐屯軍司令の梅津《うめづ》美治郎《よしじろう》と何応欽の名を取って、「梅津・何応欽協定」と呼ばれるものである。

だが、「協定」とはいっても、実態は日本側の要求を全て受諾するとした何応欽の「書簡」に過ぎず、両者の協定文があるわけではない。また、交渉自体も梅津の承諾なしに、駐屯軍参謀長らによって進められたものだった。さらに、六月にはチャハル省東部に関しても、日本側は同様の要求を行い、奉天特務機関長の土肥原賢二《どいはらけんじ》がチャハル省政府代理主席の秦徳純《しんとくじゅん》にそれを受諾させた（「土肥原・秦徳純協定」）が、これとて、正式な協定文書が作成されたわけではない。この間、南京では日本総領事と中国外交部との話し合いも持たれてはいたが、それは外交交渉というよりも、外交ルートによる軍部（現地軍）の意向伝達に過ぎなかった。この時期の日本の外務省は、こうした「現地解決方式」をむしろ積極的に承認するようになっていた。

華北分離工作

中国側から見れば、「現地解決方式」には、現実面で譲歩しつつも、中央政府が直接に屈服しているという印象を和らげる効果が、それなりにはあった。ただし、それは華北の出先機関が日本の圧力を受けて逆に切り離されてしまう危険性と常に背中合わせである。それゆえ南京政府は、知日派ではあるが中央政府の意向に従う黄郛らの文官によって北平政務整理委員会の人員を固める一方、日本側になびきかねない華北の軍事実力者（于学忠《うがくちゅう》・韓復榘《かんふくく》・宋哲元《そうてつげん》）たちの力を削いでいくことに努めた。

だが、元来国民政府への帰属意識が相対的に希薄であった河北省においては、北伐完了の後も国民党から距離を置く地方実力者が多く、軍事的な権威を持たない北平政務整理委員会が統一化を強行すれば、かれらは反発して独立色を強めるというジレンマがあった。中国辺境部における「自治」の動きが、容易に国外の勢力と結びつき、主権の喪失へとつながっていくような例は、日本との関係でいえば、河北のほかにチャハル省や綏遠省といったモンゴル族の居住地域で、またソ連との関係でいえば、新疆省のウイグル族居住地域でも見られた事態である。

華北の現地実力者は、日本軍部にとって、「華北自治」をうたい文句にした懐柔工作の格好の対象となった。懐柔のための工作資金は、塘沽協定によって中国側権力の空白地帯となった冀東地区での密貿易収入を日本側特務機関が吸い上げる形で、惜しげもなくつぎ込まれた。密貿易の大きな収益源となったのは、満洲国産のアヘンを原料とするモルヒネなどの麻薬だった。また、一九三五年一二月には、華北の資源開発にあたるべく、満鉄が全額を出資する興中公司《こうちゅうコンス》が設立されるなど、日本系資本の進出がそれに続いた。

黄郛率いる北平政務整理委員会は、一九三四年以降、塘沽協定の取り消しや日中間懸案の政府間交渉への一元化(地方外交の解消)を日本側に提案していたが、「現地解決方式」のうまみを知る日本の現地軍がそれに乗るはずはなかった。「弱腰」を批判する国内世論と現地日本軍の板挟みに苦しんだ黄郛は、一九三五年一月に療養のため北平を離れてそのまま辞任し、八月には北平政務整理委員会も廃止された。一一月、国民政府による幣制改革が行われると、日本側は華北での実施を妨害するとともに、宋哲元らの華北実力者に対して「華北五省自治」を働きかけた。宋は、いわゆる「土肥原・秦徳純協定」によってチャハルから北平・天津方面へ移駐させられた二九軍の司令官で、馮玉祥《ふうぎょくしょう》の部下だった人物である。国民政府と距離を置くかれを次なる傀儡にしようというのが日本軍の目論見だったが、かつて熱河作戦のさいの長城抗戦で名をあげた宋はこれに応じなかった。

ならばということで、一一月に冀東の非武装地帯に樹立されたのが、親日派政客の殷汝耕《いんじょこう》を首班とする冀東防共自治委員会(翌月に自治政府に改称)である。満洲国に続くこの傀儡政権に対処するため、国民政府側は一二月に河北・察哈爾《チャハル》両省を管轄する冀察《きさつ》政務委員会(委員長・宋哲元)を設置した。ただし、委員の名簿は日本側の要望を容れる形で決定されており、先の北平政務整理委員会に比べて、中央政府とのむすびつきがより薄い地方政権であった。

一致抗日の声

対日交渉が、こうした際限のない妥協を積み重ねていたため、「抗日」を求める世論は、華北だけでなく、全国へ波及していった。日本の要求に応える形で、国民政府が一九三五年六月に発布した「敦睦邦交令《とんぼくほうこうれい》」によって、国内の反日運動は厳しく取り締まられ、例えば「抗日」の文字は「抗×」と伏せ字にせねばならないような状況だったが、民心はすでに抑えきれないところまできていた。

こうしたなか、一九三五年一二月九日に北平で起こったのが、「華北自治」に反対する学生たちの大規模な反日デモ運動、すなわち「一二・九運動」である。このデモそのものは、冀察政務委員会設置への反対を掲げた北平の学生たちが、自発的に起こしたものだったが、この抗日救国運動はまたたく間に全国に広がり、多くの救国団体が生まれた。一九三六年六月には、それら救国団体の連合体として、全国各界救国連合会が設立された。抗日民族統一戦線へと路線を転換しつつあった共産党も、この運動に加わるなかで、都市部での組織再生を目指した。共産党は当初、宋哲元を華北自治に与《くみ》する「売国奴」と位置づけていたが、次第に評価を変え、一九三六年半ば以降は、かれの率いる二九軍を一致抗日を働きかける統一戦線工作の対象とし、ある程度の協力関係を築くに至った。皮肉にも、日本の分離工作によって国民党勢力が華北から著しく後退した結果、その政治的空隙は共産党組織の再建を可能にしたのである。

北平の街頭で，民衆に一致抗日を訴える清華大学の女学生(『中国共産党 70 年図集』).

　他方、南京政府では、塘沽停戦協定以来、「一面抵抗・一面交渉」方針を推進してきた蒋介石・汪精衛・黄郛といった対日交渉派への突き上げが強まっていた。親日派と目された要人へのテロも相次ぎ、行政院長兼外交部長の汪精衛は一九三五年一一月に南京で狙撃されて辞職し、翌月には汪の片腕として対日交渉にあたってきた唐有壬《とうゆうじん》が上海で暗殺された。国民政府の対日交渉派はこれによって凋落し、蔣介石も「内戦反対」「一致抗日」の世論の高まりを前に、方針転換を迫られることになる。

流行歌にみる抗日意識

北平での「一二九運動」のさい、学生たちが声を揃えてうたった歌があった。「起《た》て！ 奴隷となるのを願わぬ人々よ！ 我らの血と肉で新たな長城を築こう」のフレーズで始まる「義勇軍行進曲」である。「義勇軍行進曲」は、一九三五年に封切られた映画「風雲児女《ふううんじじょ》」の主題歌であった(本章扉写真参照)。故郷の東北を失った流亡のインテリが奮起して救国の戦場に赴くというストーリーの映画そのものは、興業面ではさほどヒットしなかったものの、聶耳《じょうじ》作曲・田漢《でんかん》作詞のこの主題歌は、その躍動的なメロディと救国を訴える歌詞によって、爆発的に流行した。

「反日」的言論を禁じた当時の「敦睦邦交令」ゆえに、この歌の歌詞には「抗日」の文字はない。だが、「中華民族は最も危険な時に立ち至った」「敵の砲火を恐れずに進め」などの歌詞は、その歌を聴く者すべてに、その言わんとするところをハッキリと示していた。この歌は抗日戦争の中でも広く歌い継がれ、のちに中華人民共和国の国歌に採用されることになる。

中国における流行歌は、国民革命期に北伐軍とともに全国に広まった行進曲「国民革命歌」

(フランス伝来の唱歌メロディに、「打倒列強」などの歌詞を入れた替え歌)を嚆矢《こうし》とする。その後、三〇年代の映画・ラジオ・蓄音機の普及によって、都市部を中心にいくつかの流行歌が生まれたが、満洲事変以来の国難を背景としたものが多いのが特徴である。「義勇軍行進曲」と並んでよく歌われたものには、「松花江《しょうかこう》のほとりで」(松花江は東北の黒龍江省を流れる大河)がある。

「ふるさとの我が家は、東北の松花江のほとり　そこには我が同胞や年老いた父母がいる　九一八、九一八　あの悲惨な時から　ふるさとを離れ　さすらう、さすらう……いつになったら、わが愛しきふるさとに帰れるのか」というこの歌もまた、満洲事変によって故郷を追われた人々の哀切の情を歌うものだった。作詞・作曲は張寒暉《ちょうかんき》、一九三六年末に西安で作られ、当時西安に駐屯していた張学良麾下の東北軍に広まり、のちに広く歌われるようになったと言われている。「いつになったら、わが愛しきふるさとに帰れるのか」と訴えるこの歌は、流亡の身にある東北軍の将兵の心を激しく揺さぶったことだろう。

流行歌は、いわゆる国民国家の成立と相沿う形で成立するといわれる。国民国家が社会的な共通感情・共通経験を基盤とするナショナル・アイデンティティの上に成り立つものだからである。とすれば、これら一九三〇年代の中国で登場した流行歌が示唆するのは、日本の侵略に直面した民族的危機感とそれに呼応するナショナリズムが、中国にとっての国民意識の基盤だったということになるであろう。

2　抗日民族統一戦線の形成

蔣介石の抗日プラン

「和平が絶望的でない時には決して和平を放棄しない。最後の瀬戸際に至らなければ軽々しく犠牲を口にしない」。これは、華北分離工作が進むなか、蔣介石が一九三五年一一月の国民党第五回党大会で表明した対日外交の信条である。たび重なる対日妥協により、「恐日病」という陰口さえ叩かれていた蔣介石ではあったが、こうした対日妥協は、かれなりの国際情勢認識と対日観に支えられたものだった。

蔣介石は日中紛争が遠からず太平洋の問題、ひいては世界の問題に拡大していくと考えていた。中国には列強の権益が複雑に絡み合う形で存在するがゆえに、「日本の対中侵略の継続は、必然的に列国の干渉を招く」のであって、将来に予想される日中戦争においては、持久戦に持ち込むことによって、列強の対日軍事干渉を引き出し、最終的には日中戦争に起因する世界戦争によって日本を敗北させるという構図を描いていた。

ただし、「満洲事変」への対応にしても、また華北分離工作への対応にしても、イギリスやアメリカは、中国が期待したような積極的介入を行わなかった。国民政府は英米との関係再構築につとめる一方で、ナチスのもと再軍備を開始したドイツとの連携を強めた。アンチモニー、タングステンといった中国特産の戦略資源への見返りで、ドイツから大量の武器供与を受け、その規模は一九三六年にはドイツの武器輸出総量の六割近くを占めるまでになっている。また、国民政府はドイツ軍事顧問団の援助のもと、一九三三年ごろから長江下流域の大都市の防御陣地工事、ついで黄河防衛線工事などの国防建設を急ピッチで進めていった。

多角的な外交への模索の面で決定的に重要なのは、国内の共産党問題とも密接にリンクしていたソ連にたいする対応である。極東をとりまく国際情勢に直接の利害を持つ日ソの関係について、蔣介石は一九三四年時点で次のような予測を立てていた。戦備が整ったのちにソ連が対日開戦するのは目に見えており、日本はその機先を制して一九三五年に、遅くともソ連の第二次五カ年計画が完了する三七年までには、ソ連への侵攻に踏み切るだろう、華北分離工作などは対ソ戦への布石である、と。たしかに、華北分離工作を将来における対ソ戦に向けた「側背の安全化」や資源確保と位置づける考えは、日本の軍部にも存在したものであった。

対ソ接近

ソ連は、満洲事変を日本の対ソ戦への準備とみて、かなりの危機感をいだき、それゆえ日本を刺激しないよう細心の注意を払っていた。事変にたいしては、中立・不干渉を宣言したものの、関東軍が中東鉄道を利用することについては、譲歩を重ねた。以前には張学良軍との交戦すら辞さずに断固確保した中東鉄道を、中国側の抗議をよそに、「満洲国」に売却した(一九三五年三月)のも、そうした対日宥和の方針ゆえである。

だが、ナチス・ドイツの台頭に伴って、日独による東西からのソ連挟撃の潜在的危機が増大すると、中国における「一致抗日」体制の構築によって、中国に日本を食い止めさせるという構想が浮上することになった。一九三五年のコミンテルン第七回大会における反ファシズム統一戦線路線への転換はその一環である。いわば、日本の矛先がソ連に向くことを期待する蔣介石と、中国を盾にして日本の圧力を減じさせようとしたソ連の思惑が、一九三二年の国交回復以後も具体的な歩み寄りのなかった中ソ両国を次第に接近させていくのである。

極東におけるソ連軍が大幅に増強されつつあるなか、蔣介石は一九三四年初めあたりから、ソ連の駐華大使を通じてソ連に対中接近の意向があることをつかんでいた。かれは、共産党根拠地の掃討作戦（第五回囲剿《いそう》）が成功をおさめ、中共軍を潰走《かいそう》に追い込むのに合わせて、一九三四年一〇月にブレーンの蔣廷黻《しょうていふつ》を派遣し、ソ連と水面下の交渉を開始した。交渉は一九三五年秋から南京・モスクワを舞台に、秘密軍事協定の締結まで視野に入れながら継続された。

蔣介石にとって、対ソ関係は共産党問題と不可分であり、それゆえ囲剿戦の成功は、対ソ交渉において自らの発言力を強めるはずだったが、予想外だったのは、潰走したはずの中共軍がその数を激減させながらも、陝西省北部へ到達し、そこに根を下ろしてしまったことだった。かくて、一九三五年一一月以降、国民党側はモスクワにおける交渉（ソ連側、および「八一宣言」を出した中共代表団の王明らとの交渉）と並行する形で、さまざまなチャンネルを通じて、共産党との接触をはかっていくことになった。

国共の人脈

一九二七年以来、血で血を洗う抗争を繰り広げてきた国共両党であるから、交渉の糸口を見つけること自体、そうたやすいことではない。何せ、国民党自体が弾圧に努めたせいで、都市部での共産党組織は壊滅状態であり、陝北の中共根拠地も僻地にある上、軍事封鎖の状態なのである。

ただし、国共両党の人脈は、政治的に両者が対立するがゆえに絶無というような単純なものではなかった。例えば、北平での国共接触の仲介役を務めた諶小岑《しんしょうしん》なる人物は、共産党員ではなかったが、五四運動の時期に天津で、周恩来らと青年活動団体「覚悟社」を結成したことがあり、一九二七年の国共分裂後も左派系知識人との関係を保っていた。かれは北洋大学時代の学友で、当時国民党の大物の一人だった曾養甫《そうようほ》から共産党と連絡をとりたいという相談を受け、それを中国大学で歴史を講じる左派系の学者で、北伐に参加したこともある呂振羽《りょしんう》に取り次いだのだった。

また、一九三五年冬にモスクワで王明との接触にあたった中国大使館付き武官の鄧文儀《とうぶんぎ》は、国民革命期に革命家を養成するためモスクワに設けられた中山《ちゅうざん》大学に留学した経歴の持ち主で、黄埔軍校在職時には共産党員と活動をともにしたことのある人物である。さらに、一九三六年初めに学友の董健吾《とうけんご》(表向きは人道活動に熱心な牧師であったが、共産党の秘密党員でもあった)を陝

魯迅の葬儀(1936 年 10 月)に列席した宋慶齢(1893-1981). 孫文夫人として, 一種不可侵・孤高の存在であった. 人民共和国建国後には, 国家副主席, 国家名誉主席をつとめた(『孫中山与宋慶齢』).

北に派遣した宋子文は、その人選にあたって姉の宋慶齢に相談していたが、宋慶齢自身も、実はこの時期にはひそかに共産党に入党しており、董の陝北潜入にさまざまな便宜を与えている。彼女はコミンテルンの駐華代表とだけ関係を持つ特殊な党員であった。義弟・蒋介石の共産党弾圧に反発する彼女は、孫文の遺命を守るという考えから、共産党入党を決意したものと考えられる。

これらの例は、主義だけでは説明のつかない国共両党の人脈の多重性を物語っている。いわゆる人脈の問題は、中国に限ったことではないが、国共両党の上層人士の場合は、その周辺の知識人や政治エリートを含めて、同郷や同窓、あるいは血縁・姻戚を通じて複雑な人間関係の中にあった。さらにかれらの多くが、五四運動や国共合作といった共通の政治体験を通じて、それにまつわる重層的な人脈を持っていたことを考えれば、この二政党は単なる政敵という言葉ではくくれない特別な関係にあったのだった。

交渉の行き詰まり

一九三五年一一月以降、いくつかのチャンネルを通じて始まった国共の秘密交渉は、一九三六年秋に至って、両党の正式代表(国民党・陳立夫《ちんりっぷ》、共産党・潘漢年《けんかんねん》)による交渉に一本化される。だが、その時点で国民党側が提示した条件は、共産党員の逮捕停止・釈放、紅軍守備地域への物資供給などの見返りとして、中共側に「ソヴィエト政府を自発的に解消すること」「紅軍の名称と部隊番号を自発的に解消し、国民政府軍の統一編制にもとづき、統一した指揮に従うこと」を要求するものだった(紅軍の規模についても三〇〇〇、のちに三万に縮小を要求)。これは、停戦を先に行い、しかる後に軍や政権の問題を話し合いたいとする共産党側には、受け入れがたいものであった。この間、統一戦線の構想を「反蔣抗日」から「逼蔣抗日《ひっしょうこうにち》」(蔣に逼《せま》って抗日を行わせる)へと変化させつつあった共産党と国民党の距離は、確かに縮まってはいたが、具体的な問題に関する交渉は容易には進展しなかった。

国共が関係改善に向けて秘密交渉を続けている間にも、日本の侵略はとどまるところを知らなかった。一九三六年一月、岡田啓介《けいすけ》内閣は「北支処理要綱」を策定し、華北五省(河北・チャハル・綏遠・山西・山東)の分離を国策として決定、二二六事件で岡田内閣が倒れた後に成立した広田弘毅内閣も、「第二次北支処理要綱」で華北分離支配の方針を再確認した。他方で関東軍は、モンゴル族の王族・徳王《とくおう》を支援する形で、内蒙古の「独立」工作を進め、同年五月にかれを総裁とする「蒙古軍政府」を樹立させ、満洲国と相互援助協定を結ばせた。「蒙古軍」は関東軍の支援を受けて一一月に綏遠省に侵攻した（綏遠事件）ものの、同省主席の傅作義《ふさくぎ》の軍に完敗するに至る。九一八事変以来、中国軍が日本側の軍隊を敗走させたのは、これがはじめてだったため、中国世論は大いに沸き立った。

国共交渉において、国民党側が強い姿勢を崩さなかったのは、両党のあきらかな実力差もさることながら、統一中国の正統政権としての強い自負ゆえである。共産党側の要求に少しでも屈する形で合意することを、蔣介石は頑として認めなかった。蔣介石は、一九三六年六月に「北上抗日」を掲げた広東派・広西派の反蔣運動（両広事変）を屈服させて、三一年以来の両広の半独立状態を解消しており、かつてない権勢を得ていたのである。

国民政府の自信は、対日政策にもあらわれた。一九三六年九月に開始された対日交渉（川《かわ》越《ごえ》・張群《ちょうぐん》会談）では、「防共」を名目とする日本の強硬な要求に対して譲歩せず、逆に冀東政権の解消、「偽軍」すなわち「蒙古軍」などの傀儡軍の解散を要求し、これまでにない強い姿勢を示した。結局、綏遠事件の勃発で中国側が態度をさらに硬化させたこともあり、一二月初めには交渉は打ち切られた。世界を驚かせた西安事変が起こったのは、その一〇日ほど後のことである。

3　西安事変

共産党と張学良の接触

かつての東北の支配者であった張学良は、一九三三年三月に熱河失陥の責任をとって政軍の職を辞し、一年ほど欧州を巡遊した。その間、アヘン吸飲の治療をする一方、イタリアとドイツのファシズム体制に強い印象を受け、強い指導力を持つ領袖《りょうしゅう》が中国にも必要だと考えるに至ったという。かれにとって擁護すべき領袖とは、蔣介石以外には考えられなかった。帰国後、かれはその蔣介石に命じられて、一九三五年秋に麾下の東北軍一五万ともども陝西に移り、陝西北部の共産党掃討にあたることになった。陝西には、すでに約五万の一七路軍を率いる楊虎城《ようこじょう》がおり、それに加勢することになったのである。

東北軍による共産党根拠地への攻撃は、予想外に強い抵抗にあい難航した。九月から一一月の攻囲戦では、精鋭の三個師団がほぼ壊滅して師団長が相次いで戦死するという大損害をこうむった。この敗戦は、共産党軍にたいする東北軍の恐怖心を生んだだけでなく、東北軍内部からの強い不満を招いた。つまり、このままでは東北軍は掃共戦の中で使い捨てにされ、抗日による東北奪還をはたせぬまま滅んでしまうという若手将校による突き上げである。その後、一二九運動の学生リーダーたちが西安にやってきて、東北軍や一七路軍内で盛んに宣伝活動を行うと、かれら東北軍将兵の「内戦停止」「一致抗日」の思いはさらに激しいものとなっていく。張学良は、おのれと東北軍の行く末について、深刻な再検討を迫られた。

かくて、陝北に到達した中共中央が一九三五年一二月の瓦窯堡《がようほ》会議以降、「抗日民族統一戦線」の結成へ路線を転換させ、東北軍への工作を進めたこともあり、翌年初めには、陝北の中共軍と東北軍との間で、相互不可侵の取り決めが交わされた。同じく外様勢力として、掃共戦で消耗させられることに不満を持っていた楊虎城もそれに同調した。さらに一九三六年三月には、張・楊の了承を得て、西安に共産党の常駐代表が置かれることになった。

西安事変前史

この間、張学良は中共工作員との接触を通じて、共産党を「一致抗日」のための信頼すべき同盟者と真剣に考えるに至っていた。一九三六年四月、五月と二度にわたって秘密裏に周恩来と会談したことによって、その思いはさらに確固たるものになった。四月末には、張学良が紅軍とともに「反蔣抗日」に決起する決意を固めたという情報が共産党にもたらされ、さらに五月の張・周による再会談を経て、張学良を首班とする「反蔣抗日」の西北国防政府を蘭州《らんしゅう》に樹立し、紅軍と東北軍による抗日聯軍を組織するという「西北大連合」構想が基本合意されたのである。

張学良が共産党への入党を申し入れたのは、この時期のことである。かれの入党志願の意図は、共産主義への思想的傾倒というよりも、当時の共産党が計画していた「国際路線打通《だつう》」、すなわち中国西北部（寧夏《ねいか》・甘粛・新疆）から外蒙古・ソ連に通じる軍事支援ルートを通じて、ソ連からの物的支援を得ることにあったとみられる。国民政府から充分な軍費を得られなかった東北軍は、経済的にも困窮していたからである。

中共は七月初めにコミンテルンに打電し、張の入党申請を積極的に検討したいむねを伝えたが、八月のコミンテルンからの回答は「強く不安を覚える」「張学良を確かな同盟者と見なすことはできない」という否定的なものだった。コミンテルンはさらに「反蒋抗日」ではなく、蒋介石を含めた統一戦線を結成するよう求めていた。ソ連・コミンテルンは蒋介石の統治能力を高く評価し、張学良はあくまでも「軍閥」の範疇でとらえられていたのである。ここに「西北大連合」構想は中止を余儀なくされ、国民政府の正統性を認めた形での抗日民族統一戦線構築が模索されていくことになった。

中共への入党は認められなかったものの、張学良と共産党の友好関係はその後も続いた。蒋介石は諜報《ちょうほう》工作によって、張が共産党に「通じている」ことをある程度察知してはいたが、張が自らに叛旗を翻すことなどあり得ないと考えていた。事実、この年の秋以降、共産党側の統一戦線工作が蒋介石を含むものへ転換していくと、張は心服してやまない領袖に刃向かうのではなく、「内戦停止」「一致抗日」を説得するのに全力を傾けるようになった。だが、蒋介石はそれにまったく耳を貸さなかった。両広事変の解決によって国民党内の反蒋勢力を一掃した蒋介石は、残された最後の敵を始末すべく、一〇月に第六回囲剿作戦を発動、国民政府軍を増派するとともに、囲剿に消極的な張学良・楊虎城を督戦すべく、一二月四日に西安に入った。

捕らえられた蒋介石

西安入りした蒋介石にたいして、張・楊はさらに「諫言《かんげん》」を試みたが、そのたびに厳しく叱責されるだけであった。一二月九日、西安では「一二九」一周年を機に、「内戦停止」を求める学生たちのデモが挙行された。当時の西安には、東北軍だけでなく、東北・華北の学生も多く流入し、さながら「抗日の都」の観を呈していたのである。デモ隊は蒋介石に請願すべく、かれの滞在する華清池《かせいち》(西安の東郊にある保養地、かつて楊《よう》貴妃《きひ》が湯浴《ゆあ》みした場所といわれる)に向かった。蒋が事前にデモの武力鎮圧を命じていたため、このままでは流血の惨事となることは避けられない。最悪の事態を回避するため、張学良は自らデモ隊を前に演説し、蒋を説得することを約束してデモ隊を押しとどめた。

翌日、蒋介石はこの一件を報告に来た張学良を叱りつけ、日記に「この者は小事には利口だが、心志が定まらぬ。悲しいことだ」と記す一方、「漢卿《かんけい》(張学良)に話をする時には、強く言いすぎてはならないが、いささか不安ではある」と綴っている。だが、この時、張学良と楊虎城は、すでに兵諫《へいかん》(武力による諫《いさ》め)を決意していた。

一二月一二日早朝、張の命を受けた東北軍の一隊が華清池を急襲、蒋介石の身柄を拘束した。同時に、西安市内に滞在していた蒋の側近たちも、楊虎城の部隊によって監禁された。西安事変の勃発である。のちに張学良は、「兵諫」という非常の手段に追い込まれた理由をいくつかあげている。もちろん、たび重なる「苦諫」がまったく聞き入れられなかったことが大きいのだが、蔣の頑《かたく》なさを痛感した一例として張の指摘するのが、事変の二〇日ほど前に起こった「救国七君子」逮捕事件である。華北分離工作以来、激化する一方の抗日運動の取締りを日本が要求したのに対し、蔣は全国各界救国連合会の沈鈞儒《しんきんじゅ》・鄒韜奮《すうとうふん》ら七人の著名人士を逮捕してそれに応えたのであった。

西北文化日報
中華民國二十五年十二月十三日
全國民衆迫切要求
爭取中華民族生存
張楊昨發動對蔣兵諫
通電全國發表救國主張八項
改組南京政府容納各黨各派
卅萬民衆歡騰鼓舞擁護民族解放運動
救亡領袖
▶張學良將軍◀
救亡領袖
▶楊虎城將軍◀
張楊等通電全國
▲發表救國主張
西安各救

事変の発生を伝える西安の新聞(1936 年 12 月 13 日).掲げられている「救亡の領袖」の写真は左が楊虎城,右が張学良(『中国共産党 70 年図集』).

張学良は、「七君子」逮捕の報を受けるや、自ら蔣介石のいる洛陽に飛び、かれらの釈放を求めたが言下に拒否されていた。事変の一〇日ほど前のことである。「愛国人士」の逮捕は、「抗日」世論の火にさらに油を注ぐ結果となっただけでなく、張に「兵諫」を決意させることにつながったのだった。蔣介石を捕らえた後、張と楊は直ちに声明を発表し、南京政府の改組・内戦停止など要求が八項目であることをあきらかにしたが、その三つ目の要求が「上海で逮捕された愛国運動の指導者」、すなわち「七君子」の即時釈放であるのは、そうした事情によるものである。

事変と共産党の対応

張学良は、蔣を拘束するや否や、一致抗日の意向を持つとみられる各地の有力者に呼応をうながすとともに、毛沢東らにも電報を発して蔣の拘束を伝え、協力を仰いだ。共産党は、張が何らかの行動を起こす可能性はあると予測してはいたが、まさかそれが武力による蔣の身柄拘束というクーデターになるとは、まったく予期していなかった。事態を理解できなかったのは共産党ばかりではない。東京はモスクワの陰謀であるといい、モスクワは東京の陰謀だといい、さらには蔣介石の死亡説も飛び交った。

一二日午前のうちに張からの第一報を受信した陝北の中共中央は、正午にコミンテルンにそれを転送する一方、同日夜に事実を確認する電報を張に発し、「大計の協議のため」周恩来を派遣するむねを伝えた。張からの返電で蔣の拘束が事実であることを確認した共産党は、日付が一三日に変わるころ、モスクワにたいして事実を報告し、張を支援することを伝えた。

事態を把握した中共中央は、一三日と一九日に対応を協議した。一三日の時点では、「審蔣」「除蔣」(蔣の処刑・罷免)や南京政府を瓦解させた上での抗日政府の樹立といった強硬論がいったん大勢を占めたが、一九日には一転して、南京政府の正統性を認めた上での平和解決、蔣へでは南京政府側が結束を固めて西安討伐の構えを示し、他方ではモスクワの意向が伝わってきたからである。

ソ連・コミンテルンは事変の直後から、張・楊の行動に疑念を抱き、機関紙『プラウダ』などを通じて蔣の安全の保障、事態の平和的解決を望む論評を発表し続けていた。そうしたモスクワの意向は、コミンテルンからの直接指示電が二〇日に届く以前に、遅くとも一七日か、一八日までには、中共のもとに達していたのである。ちなみに、コミンテルンの指示電は、張の意図がいかなるものであるにせよ、かれらの行動は抗日統一戦線の結成を阻害し、日本の侵略を助長するだけだと指摘し、事変の平和的解決を強く主張するものだった。これより先、一七日夜に張の派遣した飛行機で西安入りした周恩来は、条件次第では蔣介石が説得を受け入れる可能性があることを中共中央に報告(一八日)、以後中央の方針にそって、交渉による事変の平和的解決を働きかけることになる。

宋子文の周旋

国民政府の対応もまた素早いものだった。事変が勃発した一二日の夜、国民党中央は緊急の会議を開き、張学良の職務剝奪と処罰、さらに西安に向けて軍事行動を起こすことが決定された。すでに陝西の周辺には、掃共にあたることになっていた中央軍が展開していたのである。張学良が同調を期待した各地の実力者、例えば山西の閻錫山《えんしゃくざん》などからも、事変に呼応する動きは起こらなかった。こうした主戦の空気を押しとどめたのが、宋子文の西安入りだった。かれはむろん蔣介石の身内ではあるが、単に義弟を救うという理由だけでなく、交渉による挙国抗日体制の確立にかねてより前向きの考えを持っていた。国共秘密交渉開始にあたって、かれが窓口のひとつだったことを想起されたい。

国民政府の主戦派は、宋が「逆徒」の誘いにのって西安へ行くことに反対したため、かれは義兄・孔祥煕《こうしょうき》(行政院長代理)の同意を得た上で、私人の資格で二〇日に西安に入った。二〇・二一日の両日、蔣介石との面会や張学良・楊虎城との話し合いを通じて平和解決へ向けた合意の可能性を探ったのち、宋は二一日にいったん南京にもどって状況を説明した。監禁中の蔣介石はこの時、張・楊らの要求を受け入れることを頑なに拒んでおり、宋との面会でも武力討伐をためらうなという意を伝えていた。だが、蔣の態度に軟化の兆しがあるのを見てとった宋子文は、西安側には蔣の譲歩の可能性を示唆し、他方で南京側には蔣の武力討伐許諾の意向を伝えることを控えた。こうした対応は、多分に宋個人の思惑を織り交ぜたものではあったが、かれの「周旋《しゅうせん》」によって南京の主戦派が発言力を失ったのは確かである。翌二二日、宋子文は宋美齢らを伴って再度西安に飛んだ。一方、共産党側もこの間、モスクワの意向を気にしていた張学良にたいして、先のコミンテルンの指示電の内容のうち、張の行動を非難する箇所を伏せ、平和的解決を望んでいるという部分だけを伝えていた。

蔣介石解放

二三日から二五日朝にかけて、宋子文を介した蔣介石側と張学良・楊虎城・周恩来ら西安側の折衝、および宋美齢による蔣介石の説得の結果、蔣の解放と平和解決の合意が成立した。蔣介石とかれの黄埔軍校時代の部下・周恩来の会談も、蔣の解放の当日(二五日)午前を含めて二度にわたって行われ、周は共産主義宣伝の停止、紅軍が蔣の指揮に従うことを誓い、蔣も共産党討伐の停止、容共抗日を約した。ただ、蔣介石は、一連の合意の文書化を最後まで拒否し、かれの「人格」によって履行を保証するという形をとらせた。

かくて、一二月二五日午後四時、蔣介石・宋美齢・宋子文・張学良らを乗せた飛行機は西安を離れた。実はこの直前まで、楊虎城や共産党側、そして東北軍の将官たちは、なんら合意文書もないまま蔣を解放することに難色を示していたのだが、すでにおのが役目をはたし終えたと考えた張学良は、直ちにかれの解放に踏み切った。蔣の約束と宋子文・宋美齢の保証によって大枠が決まった以上、さらに蔣に屈辱を強いることはできないというのがかれの判断であった。張学良は事変の発動からその解決に至るまで、自らの行動と判断にたいして揺るぎない自信を持ち続けていたが、蔣の解放を即決するにあたっても、いかんなくその指導力を発揮したのであった。

かくて、翌二六日昼に蔣介石が南京に無事に帰還したことによって、内外を震撼させた西安事変は終わった。南京に到着した蔣介石を迎えたのは、「蔣委員長、万歳」を叫ぶ一〇万の人波だった。劇的な形での生還により、蔣介石の権威はさらに高まり、国内統一と日本への抵抗においてかれの持つ求心力の大きさが改めて浮き彫りとなったのである。一方、蔣に二時間遅れて南京の飛行場に到着した張学良を称える声は聞かれなかった。和平合意の内容は秘匿されており、南京では、かれは「偉大なる領袖」を不法に監禁した罪人とされていたからである。

事変の後日談

西安事変そのものは平和裏に解決されたが、その直後に起こったことは、ようやく醸成された一致抗日の気運を逆に損ないかねない紛糾だった。事の起こりは、事変解決の直後に、共産党と楊虎城が蔣介石との合意内容を公表したことである。無条件で蔣を帰したわけではないことを世論に訴え、蔣の行動にタガをはめることがそのねらいであった。だが、これは軽率にすぎた。蔣介石は直ちに、西安側の対応を信義を踏みにじるものと反発し、事変にかかわった当事者たちに強硬な措置をもって臨むに至ったのである。

張学良は蔣介石を南京まで送った後、半世紀を超える幽閉生活を送ることになった。張が蔣に同行したのは、張に言わせれば、「兵諫」の責任をとり、処罰を受けるためということになるのだが、実際はかれも西安側も、何らかの処分は受けるものの、じきに赦免されるだろうと踏んでいたのである。現に、張は蔣介石にたいしても、また軍事法廷の場でも、不法監禁の責めは負うが、自らの主張は正しかったと述べていた。だが、張を待っていたのは、かれの反省のなさと西安側の合意内容暴露に怒りを強めた蔣介石による厳重監禁継続の命であった。

何の相談もないまま、突然にリーダーを失うことになった東北軍の将兵は、当然に南京側の措置に憤ったが、すぐに苦境に立たされた。中央軍による西安進駐が迫るなか、戦闘回避・移駐を目指していた東北軍首領の王以《おうい》哲《てつ》らが、一九三七年二月に、張学良の釈放を要求する抗戦派の青年将校に殺害されるという内紛が起こり、あるじを失った東北軍は急速に解体へと向かってしまうのである。半年後に始まる抗日戦争で、誰よりも抗日を願っていたはずの東北軍が、張学良のもとに一丸となって日本軍と戦うことはなかった。

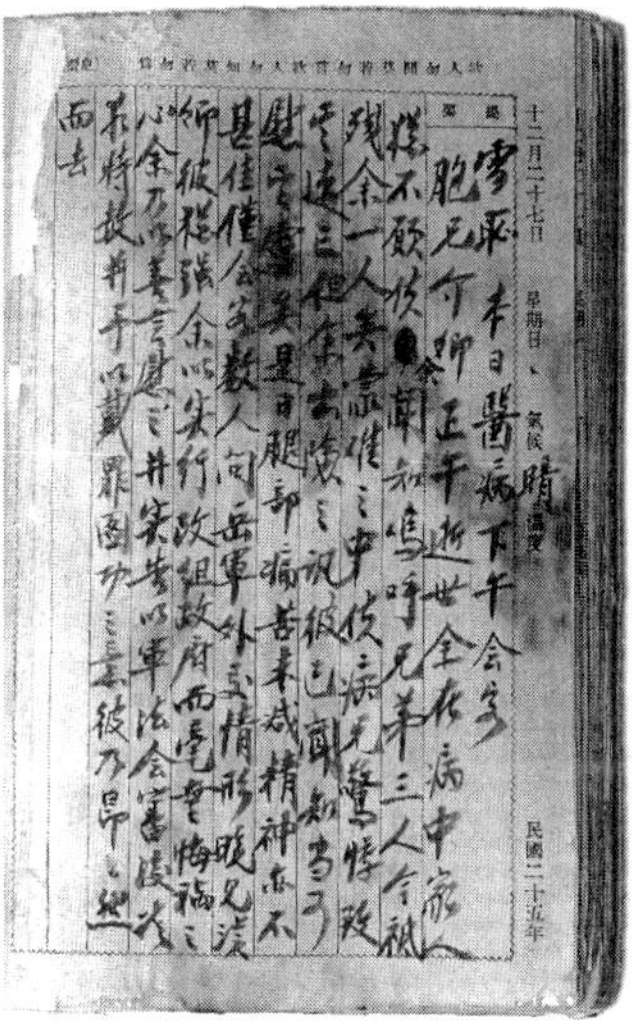
十二月二十七日
星期日
民國二十五年

南京に帰還した翌日（1936 年 12 月 27 日）の蔣介石日記．夜に面会した張学良がなおも政府の改組を強く求めたこと，かれに反省の色がまったく見えないことが記されている（スタンフォード大学蔵）．

張学良は晩年に何度か歴史家の取材を受けたさい、西安事変について、慎重に言葉を選びながら当時のありさまを語っているが、かれの共産党との特殊な関係や西安事変後の東北軍については、結局多くを語らぬまま、二〇〇一年に一〇〇年の生涯を終えた。西安事変のいま一人の立役者・楊虎城も、南京からの圧力を前に、辞職・出洋を迫られ、一七路軍から切り離された。帰国後に国民党特務の手で監禁され、一九四九年にひそかに殺害されている。

一方、共産党は西安事変の最大の受益者といってよいが、実は甘粛省に遠征していた多くの紅軍将兵が事変前後の政治的混乱に巻き込まれる形で命を落としている。共産党は事変の二カ月前から、外蒙古・ソ連援助ルートの確保を目指して、甘粛方面への軍事行動(西路軍作戦)を起こしていた。だが、事変の突発とその解決、さらにその後の西安の混乱に伴って、西路軍にたいする作戦指令がたびたび変更されたため、二万を超える同軍が甘粛省の軍閥との戦闘によって、一九三七年春までにほぼ壊滅してしまったのである。西路軍は、その多くがもと張国燾の指揮下の軍だったこともあり、その壊滅の真相は、党の歴史におけるタブーとなった。

西安事変は、中国が「内戦停止」「一致抗日」へと向かう上で、間違いなく大きな転換点となった。だが、蔣介石の約束が明確な形をとってあらわれるのは、抗日戦争開始後のことであって、それに至るには、相当な紆余曲折を経ねばならなかったのである。

p132

第5章　抗日戦争から第二次世界大戦へ

徹底抗戦を呼びかける版画ポスター．スローガンは「堅持抗戦，反対投降」，日本軍を鴨緑江の向こうまで撃退することを訴える(『解放区木刻版画集』)．

1　盧溝橋事件から日中全面戦争へ

なぜ日本軍はそこにいたのか

近年、毎年五〇万人を超える日本人観光客が北京を訪れている。だが、故宮《こきゅう》や万里の長城に遊ぶ日本人は多いが、北京の西南一五キロの永定河《えいていが》にかかる盧溝橋《ろこうきょう》を訪れる者は決して多くない。今日、この橋のたもとに立つ者は、日中全面戦争の発端となった衝突がここで起こったと聞くときに、まっ先にこう自問するだろう。なぜ、日本軍は北京と目と鼻の先にあるこんなところにいたのだろうか、と。

一九三七年七月にここで演習を行い、中国軍と衝突したのは、支那駐屯軍の部隊であった。支那駐屯軍の起源は、とおく一九〇一年に義和団《ぎわだん》戦争の後始末として清朝と列国との間に締結された辛丑《しんちゅう》条約(北京議定書)にさかのぼる。この条約により、列国は北京の公使館区域と北京―山海関間の沿線要地への駐兵権を、さらに翌年の天津還付に関する交換公文によって、天津への駐兵権を得た。これらを根拠に日本が編成したのが、清国駐屯軍(支那駐屯軍の前身)である。当初、日本に割り当てられた兵数は一六〇〇ほどだった。天津に司令部を置くこの軍は、一部の公使館区域護衛兵を除けば、天津から山海関にかけて配置されていたから、この段階では日本軍が北京の郊外で演習をするという事態は起こりえなかった。

状況が大きく変わったのは、華北分離工作の主役であったこの支那駐屯軍が、一九三六年五月に一挙に三倍に増兵され、さらに北平の西南郊外の豊台《ほうだい》にまで駐兵するようになってからである。辛丑条約で駐兵権を有した列国の中には、この三〇年の間に駐屯軍の廃止や段階的削減を行う例も珍しくはなかったが、日本軍だけは実戦部隊に近い編成を保ったまま、約五六〇〇に増強されたのだった。また、日本軍があらたに駐屯した豊台は、北平から天津・武漢へ向かう交通の要衝であり、ここを押さえられることは北平が孤立することを意味した。中国側は当然に抗議したが、日本側はそれにとりあわず、逆に宋哲元の第二九軍部隊が隣接する豊台・盧溝橋近辺で頻繁に演習を繰り返した。何かが起こらないはずはなかったのである。

盧溝橋事件

一九三七年七月七日の夜、盧溝橋付近で夜間演習をしていた支那駐屯軍の一中隊にたいして発砲があり、中隊長が点呼をとったところ、兵一人が行方不明になっていたので、豊台の大隊本部に連絡をしたということから事件は起こった。日付が八日に変わるころにその連絡を受けた大隊本部は、主力を現地に急派、盧溝橋付近に展開した日本軍は、八日午前五時半ごろから永定河堤で中国軍と衝突し、これを攻撃して河の西岸に進出した。この間、いわゆる兵士の「失踪」は発砲とは無関係で、当夜のうちに無事原隊に復帰していたことが判明しており、いわば事の発端は偶発的なものだったわけだが、現地軍にはこうした小事にも、ただちに軍事力を発動する態勢が整っていたのである。

盧溝橋付近の航空写真．永定河にかかる２本の橋のうち，右側が盧溝橋，その上方が宛平県城で，さらにまっすぐ上方に北平（北京）がある．左側の橋は平漢線の鉄橋で，右上方へ伸びる線路は豊台に至る（毎日新聞社）．

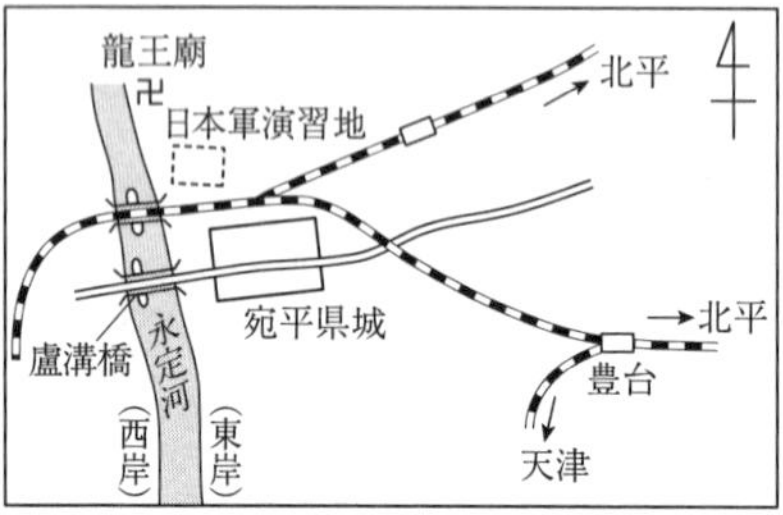

出典：『図説　中国近現代史』第３版，125頁より作成

盧溝橋付近地図

ただし、八日午前の戦闘は局地的なものにとどまり、またその間、盧溝橋に隣接する宛平《えんぺい》県城内で、日中合同調査団の事態究明へ向けた交渉がなされたこともあり、現地の両軍は停戦交渉に入った。日本側は、中国軍代表の謝罪、責任者の処罰、永定河東岸からの中国軍の撤退、抗日団体の取締りなどを要求、交渉のさなかにも戦闘は断続的に続いたが、一一日夜に至り、

中国側の譲歩によって停戦協定が成立した。日本側は、軍事的な圧力のもとで現地の中国軍を撤退させ、日本の実質的支配地域を拡張してきたこれまでの「現地解決方式」のやり方を踏襲したわけである。その意味では、この紛争も「○○・○○協定」再演の形で幕を閉じる可能性もあったが、今度はそうはならなかった。現地軍同士の具体的な協定細目、とりわけ撤兵の具体的実施をめぐって次々に争点が浮上したばかりでなく、日中両政府がこれまでにない強い態度を打ち出したからである。

事態の拡大

中国では、前年一二月の西安事変以後、国共の内戦はほぼ停止され、一致抗日の体制づくりが進みつつあった。国民政府の対日妥協は、すでに忍の限界に達していたのである。こうしたなか、盧溝橋事件勃発直後に北平から蔣介石に寄せられた情報は、これが偶発的事件ではなく、日本軍の計画的行動らしいと推定するものだった。

両軍衝突の第一報に接した蔣介石は、八日に宋哲元らにたいして「宛平県城を固守せよ。退いてはならない。総員を動員し、事態拡大に備えよ」と指示したが、日本側の意図はつかみかねていたようである。当日の日記には、「向こうは我らの準備が整わないのに乗じて我らを屈服させようとしているのだろうか。宋哲元に難癖をつけようとしているのか、それとも、華北を独立させようとしているのか。応戦を決意するのは、今がその時であろうか」と記されている。だが、蔣の引き続く対応は迅速なものだった。九日には、中央軍を含む四個師団に「守土抗戦」のための増援を下命する一方、停戦を具申してきた秦徳純《しんとくじゅん》(北平市長)にたいしては、犠牲をいとわぬ抵抗と主権を堅持した交渉を命じている。蔣の態度は、安易な妥協を排し、断固応戦の構えを崩さないというものだった。

一方、日本政府(近衛文麿《このえふみまろ》内閣)は当初、事件の「現地解決・不拡大」の方針を打ち出し、軍中央にも「拡大」「不拡大」の両派があった。だが、一一日に中国の中央軍北上の情報(実際の北上はやや遅れる)が入ると、政府はこの紛争を「北支事変」と呼ぶことを決定、事変は中国側の「計画的武力抗日」によるものだと断じて、華北への派兵を声明した。声明はなおも「不拡大」を謳っていたが、派兵の事実の前には空言に等しかった。一一日には、参謀本部も関東軍と朝鮮軍に派兵を命じた。「暴戻《ぼうれい》なる支那を膺懲《ようちょう》」するために一撃を加えよという声は、軍部にも民間にも高まり、事態の拡大を後押しした。かくて、その後も現地では停戦の具体化へ向けた交渉が続けられたが、戦闘は北平周辺から天津にも拡大、ついには七月二八日に日本軍による平津《へいしん》地域での全面攻撃が始まったのだった。

この間、蔣介石は滞在先の廬山《ろざん》で、内外に向けた「応戦宣言」の文案を慎重に検討し、七月一七日にそれを「談話」として発表した。廬山談話は「万一、真に避け得ない最後の関頭(瀬戸際)に至ったならば、我々には当然ただ犠牲あるのみ、抗戦あるのみである」と決意を示す一方、中国の主権と領土の完全性を損なうような解決策は決してとらないが、盧溝橋事件が日中の「戦争」にまで至るかどうかは日本の態度如何《いかん》にかかっている、と述べていた。「宣言」を「談話」に替えたことにしても、言葉遣いにしても、周到に練られたこの「談話」は、国民には抗戦への決意を伝えると同時に、日本には最後のシグナルともなるものだった。だが、それにたいする日本の答えは上述の平津総攻撃だった。数においては日本軍を上回った宋哲元軍ではあったが、増援を受けた日本軍の攻撃にまったく太刀打ちできず、三〇日までに北平(無血開城)、天津を相次いで失って保定《ほてい》方面へ撤退した。

ここに至り、蔣介石は和平絶望・徹底抗戦を声明、国民政府は八月七日に国防会議を開催して、第一期一〇〇万の兵力動員計画を策定したが、そのうち華北には七五万が割かれることになっていた。ここを当面の主戦線とみたのである。また、会議では財政・軍備補給の状況についても報告がなされたが、武器弾薬の備蓄はせいぜい六カ月分という心許なさであった。蔣介石らは持久戦を、せいぜい一年ほどに見込んでいた。

戦火の拡大　華北での戦闘が拡大するにつれて、上海周辺での日中間の軍事的緊張も高まった。上海の日本軍は陸軍ではなく、海軍の陸戦隊約五〇〇〇である。陸戦隊の中尉が八月九日に上海西部の飛行場を強行偵察して、中国側保安隊に射殺されるという事件が起こると、海軍側は直ちに陸戦隊を増派するとともに、陸軍にも派兵を要請した。

八月一三日、対峙状態にあった中国軍と日本陸戦隊との間に戦端が開かれると、日本政府は陸軍二個師団の派兵を正式決定した。同日、国民政府も一九三二年の「淞滬《しょうこ》停戦協定」の破棄を声明し、翌日に中国軍は空爆を含む大規模な攻勢に出た。日中戦争の上海への波及、すなわち第二次上海事変の勃発である。

中国の参謀本部は、この年三月に制定した「民国二六年度国防作戦計画」の中で、日本軍が侵略を本格化させた場合には、積極的に上海で攻勢に出て日本軍を壊滅させ、「経済の中心」と「首都」を守ることを作戦方針としていた。蔣介石は、上海での緊張が高まるにつれ、華北を主戦場とする当初の構想を見直し、本来の作戦計画どおり、上海での対日戦に重点を切り替えた。列国の関心が集まり、また軍事面でも相対的に優位に立てる上海で日本軍に痛撃を加えることは、戦局全体にとっても望ましいと判断したからである。

兵力で上回る中国軍の当初の攻勢は、日本の陸戦隊を圧倒し、八月一七日には日本の外交官石射猪太郎《いしいいたろう》(当時、外務省東亜局長)が「支那は大軍を上海に注ぎ込んで陸戦隊セン〔殲〕滅を図って居る、之に対して幾日もてるか」と懸念するほどであった。また、蔣介石自身も二〇日には「上海戦はすこぶる順調……イギリスの〔和平調停〕提案が実現するよう働きかけ、日本を上海から撤退させ、わが経済の地盤を回復することも、今日の戦況からすればあるいは可能やも知れぬ」と日記に記していた。上海戦における速戦即決によって優位を確立し、列国の調停を引き出し、それによって日本軍を撤退させるという構想があったことが知れよう。

一方、日本政府は派兵を急ぐとともに、一五日に「支那軍の暴戻を膺懲し、もって南京政府の反省をうながすため、今や断固たる措置をとるのやむなきに至れり」と声明し、長崎からの海軍航空隊による南京への渡洋爆撃を敢行した。二三日以降、増援の陸軍二個師団を皮切りに、次々と兵力が上海での戦闘につぎ込まれた。この結果、中国軍の攻勢は止まったが、水路と塹《ざん》壕《ごう》・トーチカによる抵抗は頑強で、市街地でも郊外でも激戦が繰り広げられた。中国側も、ドイツ製兵器で武装した精鋭の中央軍をはじめとして、逐次大部隊を上海戦線に投入、上海周辺は二カ月以上にもわたって、「ベルダン〔第一次世界大戦の激戦地〕以来、もっとも流血が多かった」と称されるほどの凄惨な攻防が続いた。

日本軍機の襲来に備える長江戦線の中国軍部隊．制空権のない中国軍にとって，日本軍の空襲は大きな脅威であった．鉄兜がドイツ型なのは，当時の中国軍精鋭部隊がドイツの軍用装備をしていたからである（『抗戦中国国際通訊照片』）．

上海戦と列強

事態が「戦争」以外のなにものでもなかったにもかかわらず、日本政府はあくまでもそれを「事変」と呼称（上海戦開始後に、南北の戦いを合わせて「支那事変」と呼ぶことを決定）し続け、中国に宣戦布告することはなかった。「戦争」となれば、戦争当事国への軍需品の輸出、金融の取引きを厳しく規制するアメリカの中立法の発動が予想されるからである。中国政府も、国際法上の交戦状態となれば、海外からの物資輸入が困難になるとの判断から、日本にたいする宣戦布告を避けた。

蔣介石にとって、上海戦の狙いのひとつは英米の積極的介入を引き出すことだったが、中国にまず手を差しのべてきたのは、日本を中国に釘付けにすることに意義を見いだすソ連だった。八月二一日、ソ連の提案をうけて、中ソ不可侵条約が締結された。これ以後、ソ連は中国に多額の借款供与、志願兵パイロットの派遣を含む軍事援助を行い、一九四〇年まで中国にたいする最大の援助国となっていく。蔣介石はソ連への警戒感を払拭できなかったが、中ソ接近が日ソ開戦につながる可能性があること、軍事援助の緊急性、そして国内の共産党対策を考慮してこれに応じた。条約締結の翌日、国民政府軍事委員会は中共の主力紅軍を国民革命軍第八路軍に改編すること、つまり中国軍として受け入れることを決定した。

中ソの急接近と上海での戦闘激化にたいして、八月二三日にアメリカのハル国務長官は公式声明を発表して、日中双方に停戦を呼びかけた。だが、中国への道義的支持を示しながらも、調停への積極的な動きはみせず、軍事物資の対日禁輸を求める中国の意向に反して、それらの輸出を続けていた。これは、中国を大いに失望させるものであった。アメリカよりもはるかに大きな利権を持つイギリスは、その喪失を危惧して介入しようとした。蔣介石が、上海戦の戦況次第では、イギリスの和平調停を取り付けることも可能云々と述べたのがそれである。だが、調停への共同行動をアメリカに拒否されたイギリスは、ヨーロッパ情勢への対応が最優先とされたこともあり、東アジアにおいては、アメリカの協力なくして日本にたいする強い態度をとることができなかった。

こうした英米の態度をなんとか明確な中国支持へともっていくために、国民政府は国際連盟に日本の侵略を提訴し、対日制裁の発動を要求し続けた。連盟は一〇月に入って日本の行動をワシントン九カ国条約（一九二二年）などに違反するものと非難し、各国に中国支援を要望する決議を採択した。中国側がさらに実質的な措置を要求したため、一一月初めには国際連盟の提議により、九カ国条約国会議がブリュッセルで開催されることになった。米大統領のF・ローズヴェルトが一〇月に日本とドイツを「伝染病患者」に喩える、いわゆる「隔離演説」を行っていたため、中国はブリュッセル会議で英米仏ソが対日経済制裁に踏み切ることに大きな期待をかけたが、中国の提案を支持したのはソ連のみであった。一連の中国の外交活動は、国際世論の動員には確かに寄与したものの、上海での積極抗戦によって列強の介入をうながすという所期の目的をはたすことはできなかった。

上海・南京の失陥

この間、上海戦には中国・日本ともに膨大な兵力がつぎ込まれていた。日本側は一〇月までに五個師団（上海派遣軍）、約二〇万をこの方面に投入、一方、中国は中央

上海戦の砲撃で破壊された上海市政府庁舎(1937 年 9 月). 新たな上海都市計画の象徴として 1933 年に落成した壮麗な建物だったが, 砲撃で無残な廃墟と化した(朝日新聞社).

軍を核として約四〇万の軍をつぎ込み、頑強な抵抗を続けた。当時の中国陸軍は、地方軍を含めて約二二〇万であり、うち練度・装備に優れた中央軍が九〇万ほどで、その中の蔣介石直系部隊は四〇万～五〇万ほどだった。対外戦を組織的に戦える中央軍の半分ほどが、三カ月にわたる上海防衛戦につぎ込まれたわけである。さらに、九月下旬以降は、蔣が上海の戦区司令長官を兼任、国家の最高戦争指導者が自ら特定戦域の作戦指揮や物資調達(例えば、土嚢用の麻袋)の差配まで行うという異例の措置さえとった。上海戦に賭けたかれの執念が伝わろう。

上海の戦局は、日本内地からの増派二個師団と華北からの一個師団からなる第一〇軍(柳川兵団)が、一一月初めに杭州《こうしゅう》湾に上陸して中国軍の側面・背後を衝くに及び、大きく日本に傾いたが、上海戦での日本軍戦死者数は約九〇〇〇の多きに達した。中国軍の損害はそれを大きく上回り、一一月中旬に租界を除く上海全市が日本軍に奪われるまで、二〇万とも二五万ともいわれる戦死傷者を出した。市街地・郊外の破壊の惨状も未曾有のものだった。

上海─南京間には、ドイツ人軍事顧問の指導を受けて堅固な防御陣地が二重に築かれていたが、これは上海陥落後の南京防衛戦には、ほとんど役に立たなかった。上海につぎ込まれ、徹底固守を命じられた中央軍の損耗があまりに激しく、いったん上海戦線からの撤退が始まると、陣地に拠った戦線再構築がなされる前に、中国軍は総崩れとなったからである。南京防衛戦が困難なことはあきらかだった。

一一月二〇日、蔣介石が主席をつとめる国防最高会議は、長期抵抗のために国民政府を南京から四川省の重慶《じゅうけい》に移すと発表した。南京戦について、軍首脳の多数は早期撤退・兵力温存を主張し、蔣も防衛は不可能であることを認識し、その失陥が軍民の悲劇を呼ぶことを予想していた。駐華ドイツ大使トラウトマンの仲介による和平交渉に応じる構えを見せたのは、それゆえである。他方で蔣介石は、南京死守の態度を示すことが、国際的な支援、具体的にはソ連の対日参戦につながるかもしれないとも考えていた(蔣はスターリンに参戦を打診したが、一二月初めに拒絶されている)。逡巡のなか、蔣は南京の一定期間の死守を指示したが、唐生智《とうせいち》が指揮をとった首都防衛戦はまったくの失敗に終わり、一二月一三日に陥落、一〇万を超える中国軍は撤退に失敗して大量の犠牲者を出した。

南京大虐殺と中国の日本軍

南京攻略戦にあたった日本軍は、猛《たけ》り狂った状態だった。上海における激戦からくる復仇心《ふっきゅうしん》と首都さえ落とせばすべては終わるという期待感は、急進撃による補給不足と相まって、精神的荒廃と軍規の弛緩を生んだ。こうして南京制圧以後、逃げ場を失った大量の中国人捕虜・遺棄兵を殺害したのみならず、おびただしい数の一般民衆を暴行・集団殺戮した。いわゆる「南京大虐殺」である。「南京大虐殺」の要因は、投降兵を捕虜にせず、給養不能を理由に殺害するという日本軍の体質や、中国人を「人間」と思わぬ心性など多々あるが、派遣軍の「質」の悪さも併せて指摘されなければならないだろう。すなわち、上海戦に派兵され、引き続き南京攻略にあたった部隊は、予備役・後備役兵が多くを占める編成だったのである。

対ソ戦を考慮する日本陸軍にしてみれば、現役兵中心の精鋭師団は温存しておかねばならず、それが上海派遣軍の現役兵率の低い編成をもたらしたのだった。予備役・後備役兵の多さは、そのまま練度の低さ、軍規の頽廃、戦争犯罪の多発につながる。いったいに、中国戦線の日本軍は、その後も予備役・後備役の割合が極めて高い軍隊となっていた。日中開戦後一年を経た一九三八年八月のデータによれば、中国方面の一〇個師団の現役兵率は、わずか一七%である。日本軍の中国における残虐行為は、「南京大虐殺」のほかにも数知れないが、その背後には中国を侮った歪んだ軍編成があったといえるだろう。中国戦線での軍規頽廃に頭を抱えた軍中央はその後、中国派遣軍の現役兵率を上げる措置をとっていくが、そもそも事変と称し続けている点からして、戦時国際法の適用を逃れるロジックが組み込まれているのだから、その後に捕虜殺害や現地調達と称する略奪、民衆への暴行・強姦等々が簡単に減るはずはなかった。

和平解決の消滅

南京陥落ののちも、中国は屈服しなかった。上海戦で劣勢に立たされた一〇月末以降、兵力面での損害の深刻さを認識した蔣介石は、日本がドイツを間に立てて進めた和平工作(トラウトマン工作)をいったんは受け入れる姿勢をみせた。だが、南京陥落後に、日本側の要求が、賠償金の支払い、非武装地帯の拡大(長江下流域を含む)、満洲国承認を前提とした日満中の経済協力など、いわば中国を敗戦国とみなす苛酷な条件にエスカレートしたため、中国がこれを受諾することは難しかった。

かくて一九三八年一月には和平交渉は打ち切られ、日本政府は「爾後《じご》国民政府を対手《あいて》とせず、帝国と真に提携するに足る新興支那政権の成立発展を期待し、これと両国国交を調整して更生新支那の建設に協力せんとす」と声明するに至った(一月一六日、第一次近衛声明)。さらに二日後には、この「対手とせず」とは、否認よりも強い抹殺であるむねが補足説明された。中国軍の「暴戻を膺懲」し、南京政府の「反省をうながす」ために始めたはずの戦争は、ここに蔣介石政権を抹殺した上での、傀儡《かいらい》政権樹立へと政略を変えたのである。

この間、北方では、日本軍の攻勢が西に向かってはチャハル省・山西省・綏遠《すいえん》省へと及び、南に向かっては、京漢《けいかん》(北京—武漢)・津浦《しんぽ》(天津—南京)の両鉄道線に沿って、河南省・山東省の黄河の線まで作戦が展開されていた。北方の占領地では、一九三七年末までに、現地軍の手によって傀儡政権が続々とつくられていった。張家口《ちょうかこう》の蒙疆《もうきょう》連合委員会（一一月）、北京（日本占領後に北平から改称）の中華民国臨時政府（一二月）、南京の中華民国維新政府（一九三八年三月）などである。第一次近衛声明がいう「新興支那政権」とは、これらにほかならない。

だが、こうした地方の対日協力政権に加わったのは、すでに実力も声望も失っていた旧軍人や政客といった面々であり、日本軍が期待したような円滑な占領地統治など、まったく望むべくもなかった。日本が占領地に直接の「軍政」を布かず、こうした傀儡政権を表に立てざるを得なかったのも、これが「戦争」ではなく「事変」ゆえであった。弱体な傀儡政権を支え、拡大した戦線を維持するために中国に派遣された日本軍は、一九三七年末までに一六個師団の多きに達し、すでにこの時点で戦争の規模は日露戦争をはるかに超えるものになっていた。

第二次国共合作

上海戦の敗北とそれに続く南京防衛戦の失敗、華北の喪失は、軍事的にみれば蔣介石政権にとって極めて大きな打撃だった。日本側はこれら軍事的敗北によって蔣政権は弱体化し、地方政権に転落するとみたわけだが、蔣政権はその抗戦の姿勢を評価され、求心力をむしろ強めていった。国民政府は、一九三七年八月末の全国徴兵令の発布を皮切りに、全民抗戦のための措置を矢継ぎ早に打ち出し、上海周辺の工場や技術労働者の奥地移転も、国民政府資源委員会の指導のもとに進められた。

共産党との関係は、西安事変後も協力の細目をめぐって駆け引きが続けられていたが、上海戦開始後に歩み寄りがみられ、八月下旬に陝北の紅軍が国民革命軍の第八路軍に改編され（総司令・朱徳《しゅとく》、全軍三万余）、さらに一〇月には華中・華南の紅軍が国民革命軍新編第四軍（新四軍、軍長・葉挺《ようてい》、全軍一万余）に改編されることになった。華中・華南の紅軍とは、長征のさいに根拠地に残され、ゲリラ戦を生き延びた部隊などを寄せ集めたものである。

国共両党の政策協定は結ばれなかったが、共産党が三民主義を奉じて国難に対処するという国共合作宣言を出し、九月二三日に蔣介石が共産党の合法的地位を認め、その宣言の受け入れを表明することで、第二次国共合作が成立した。これにより、共産党は武漢や西安、のちには重慶に駐在事務所を開設し、『新華日報』や『群衆』といった共産党の新聞・雑誌を公開発行することができるようになった。また、共産党の本拠地・延安《えんあん》のある陝西省北部を中心とした地域は、陝甘寧《せんかんねい》辺区として辺区政府が置かれ、国民政府行政院管轄下の特別行政区とされた。これにより、国民政府から共産党支配地域への財政支援もなされるようになった。共産党側も、赤化運動の停止や暴力的土地没収政策の停止などの政策修正を行った。

ただし、毛沢東は、共産党の政府・軍が形式的に国民政府の一部であることを認めはしたが、党の活動は必ずしも国民政府に縛られるものではないと考え、国民党との党同士の対等関係、党の独立性だけは決して譲らなかった。それが「党内合作」で煮え湯を飲まされた第一次国共合作時代の教訓だったからである。

共産党以外の諸党派も、蔣介石を中心とする抗戦体制を積極的に支持した。上海戦前後に設置された国防最高会議や国防参議会には、共産党の代表だけでなく、国家主義派、無党派知識人なども参加し、全国的な政治団結の象徴となった。抗戦を全民的なものだという以上、単に国民政府・国民党の動員・指揮に全民が無条件で服従するのではなく、抗戦を担うあらゆる者が抗戦体制に参与していく仕組みが求められていくことになる。

中国の抗戦体制

一九三八年三月末から四月初めにかけて、武漢で開催された国民党の臨時党大会は、政治面での挙国抗戦体制をいかに構築するかを討議するために開かれたものだった。

この臨時党大会は、新たに設置された総裁職に蔣介石を、副総裁職に汪精衛をそれぞれ選出した。国民党の党首たる「総理」職は、孫文の死後、補任されないことになっていたため、「総理の職権を代行」する「総裁」職が設けられたのであった。すでに蔣介石は政・軍において、並ぶ者のない地位を築いていたが、この「総裁」就任によって、かれが名実ともに孫文の後継者であることが示されたわけである。大会では、「抗戦建国綱領」が採択され、抗戦と「国家建設」とを並行して進めることが謳われた。

「抗戦建国綱領」には、外交・軍事・経済・教育などの新たな施政方針だけでなく、抗戦終結後における憲政実現の構想も含まれていた。これより先、国民党は一九三七年には訓政期を終わらせ、憲法制定機関である「国民大会」を招集するとしていた。その予定は準備不足と抗日戦争の勃発によって大きく狂ってしまったわけだが、全面抗戦を訓政の継続・強化によって推進するのではなく、逆に政権の公開・開放によって支えるべきだという声が高まっていたのである。

こうした声に応える形で党大会は、国防参議会を引き継ぐ「国民参政会」の設置を決定した。国民参政会は、民意を反映する国民政府の諮問機関で、政府の重要政策に関する決議権や建議権を持つと定められていた。そのメンバーも、公選でこそなかったが、共産党や青年党、国家社会党、郷村建設派などの小党派の代表、各界有識者といった幅広い人士が含まれていた。こうした諸派による議論の場が設けられたことは、中国近代政治史上、画期的なことであった。当時の世論がこれを「戦時国会」と呼んで、大きな期待を寄せたゆえんである。

むろん、国民党の側は、「抗戦建国綱領」の総則の中で「全国の抗戦諸勢力は、我が党および蔣委員長の指導の下」で、団結抗戦しなければならないと述べ、蔣と国民党への服従を求めることを忘れなかった。国民党の主導性を確保しつつ、全民抗戦の体制を強固にすることは、国民党にとって、ある意味では日本という外敵に対処する以上に難しい課題であった。

戦局の推移

緒戦での相次ぐ敗北の中で、中国世論を欣喜雀躍させたのが、一九三八年四月の台児荘《たいじそう》での勝利だった。山東省南部の台児荘は、交通の要衝として知られる徐州の東北三〇キロの要地、主役は李宗仁の広西軍である。李は、かつての両広事変で反蔣の側に立ったこともあったが、前年八月に津浦鉄道沿線（山東・江蘇北部）の第五戦区の司令官に任ぜられると、麾下の広西軍を率いて徐州へ長駆、おりから南下してきた日本軍（北支那方面軍）部隊五〇〇〇ほどを攻囲し、中央軍（湯恩伯《とうおんはく》軍）と協同してその半ばを壊滅させたのであった。

　中国軍の戦闘勝利としては、一九三七年九月に山西省北部に出陣した林彪《りんぴょう》の八路軍部隊が、この方面に深入りした日本軍部隊を待ち伏せし、大損害を与えたことがあったが（平型関《へいけいかん》の戦い）、台児荘戦はそれをはるかに上回る勝利だった。平原での正規戦で苦杯を喫した日本軍は、中国軍主力が徐州に集結していると判断し、その包囲殲滅《せんめつ》と華北と華中の打通をはかるべく、急遽徐州作戦を発動した。だが、七個師団を動員し、ひたすら徐州を目指したこの作戦は、五月に徐州の占領には成功したものの、中国軍の捕捉には失敗した。日本軍は西方へ撤退した中国軍を追って河南へ入ったが、蔣介石は黄河の堤防を破壊して日本軍の進攻を食い止めた。この黄河決壊作戦によって、河南・安徽・江蘇の三〇〇〇平方キロ以上の土地が水没したため、民衆も多大な被害を受けた。中国にとっても、抗戦はなりふり構わぬ非情なものだった。

　黄河決壊作戦は、蔣介石にとっては、「空間をもって時間に換える」というかれの持久戦構想を、極端な形で示したものだったが、その「焦土戦術」によって日本軍の鄭州（河南）・武漢（重慶遷都の間の臨時首都）への作戦展開は、一カ月ほど遅れることになった。この間、態勢を立て直した中国軍と三五万の日本軍による武漢攻防戦は、八月から本格化した。長江両岸沿いに西進した日本軍は、中国軍の抵抗を受けて大きな損害（戦死傷者約二万）を出したものの、一〇月下旬には中国軍の退却した武漢を占領した。

これと並行して日本軍は外国からの香港経由の補給路を断つべく、広州作戦も実施した。広州は、守備軍が武漢戦に引き抜かれて手薄だったことも手伝い、武漢占領の一週間前に日本軍の手に落ちた。かくて、中国の沿海・長江沿岸の主要都市は、開戦一年半の間に、軒並み日本軍の占領するところとなったのだった。

日本軍の進攻を食い止めるために行われた黄河決壊作戦によって，広大な土地が水没し，大量の難民が発生した(『抗戦中国国際通訊照片』).

振り返れば、かつての清朝では、ひとたび外国軍が北京に迫るや皇帝は蒙塵《もうじん》（避難逃亡）、首都を占領されれば、たちまち屈辱的な講和条件をのんで屈服したのだが、このたびの国民政府は首都どころか、要地をほとんど占領されても抗戦をやめなかった。日本の占領地を逃れた学生・知識人たちには、大学や機関とともに奥地に疎開する者もいれば、志願して前線へ赴く者も多かった。時代が違うといえばそれまでだが、この違いを生み出したものこそが、中華民国の三五年の間に育まれた中国ナショナリズムなのであり、その醸成に決定的な触媒となったのが日本の侵略であった。それゆえ、日本が戦火を拡大すればするほど、ナショナリズムはいや増すのであって、抵抗は日本の予想に反して、かえって強まっていったのである。

2 戦時下の中国

戦線の膠着

不拡大方針をそのたびになし崩しにして戦線を拡大した結果、日本は武漢・広州を占領した一九三八年末の時点で、一〇〇万に近い軍隊を中国に送り込んでいた。国内に残されたのはわずかに近衛師団のみであり、軍事動員力はあきらかに限界に達していた。占領地をさらに拡大することは不可能であり、また仮に少しばかり拡大したところで、奥地の重慶に首都を移した中国側が屈服する気配はなかった。明確な戦争指導方針のないままに行われた「支那事変」は、はたして出口を見失ってしまったのである。かくて、武漢・広州作戦後の一二月初め、日本は攻勢によって中国の戦意を喪失させるという従来の作戦目的を変更し、最小限の兵力で占領地の治安回復、反日勢力の掃討にあたるという長期対峙戦略に移らざるを得なくなった。

　一方、広大な国土を背景に、日本軍を長期の持久消耗戦に引きずり込むという構想は、蔣介石にせよ、毛沢東にせよ、中国で主張されていた戦略方針ではあったが、主要都市の相次ぐ失陥は、中国側にも予想以上の軍事的消耗と経済的苦境をもたらした。中国軍は、兵数の面ではどの作戦でも日本軍を上回ったが、個々の部隊の火力の弱さと組織的用兵術の欠如は、膨大な損害や敗北となってあらわれた。ちなみに、日本軍の常識では、蔣介石の直系軍一個師(六〇〇〇~八〇〇〇人)に対しては日本軍一個連隊(三〇〇〇人ほど)で、軍閥系の地方軍一個師に対しては一個大隊(七〇〇~八〇〇人)で対抗できると判断されていた。また、中国軍部隊の補給体制も日本軍に輪をかけて劣悪であり、逃亡や病傷死者が続出する原因となった。

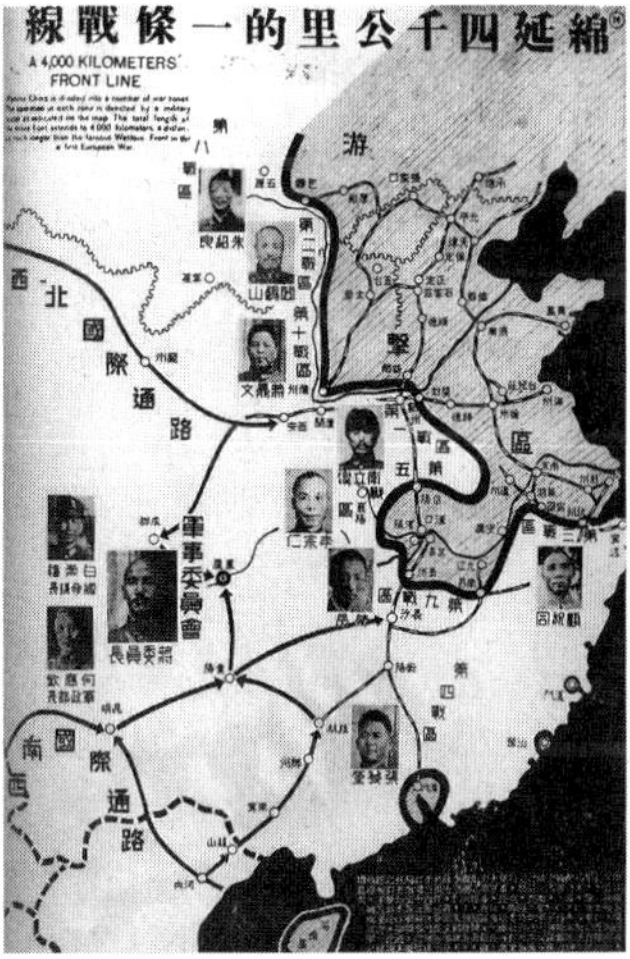

中国のグラフ雑誌に掲げられた1938年末の戦局図.「連綿四千キロに及ぶ戦線」というタイトルのもと，各戦区の司令官の顔写真がつけられている(『図片中国百年史』).

　こうした状況にたいして、蔣介石が武漢失陥後の一一月に、湖南省の南岳《なんがく》で開催された軍事会議で打ち出したのが、軍における政治部の強化、民衆の動員、遊撃戦の推進を中心とした持久戦の方針である。当時、日本軍の占領地は河南・安徽・江西・湖北・広東などにまで広がってはいたが、せいぜいその中心都市と交通路の沿線に限定されていた。いわゆる点と線の支配である。それらの省内には日本軍の占領下に入っていない地域も多く、そこには国民政府につらなる行政系統が存在し続けていた。蔣は、それら地方行政機関にたいして、遊撃隊・民兵による日本軍への攪乱活動を命じていたが、武漢失陥後に戦線が膠着すると、正規軍に対しても、正規防御戦とならんで、民衆を取り込んだ遊撃戦の重視を求めていくようになった。

抗日根拠地

遊撃戦による長期抗戦をより強調したのは共産党である。その代表的なものが毛沢東の文章「持久戦を論ず」(一九三八年)であり、かれはその中で、抗日戦争が「戦略的退却・対峙・反攻」の三段階を経るという予測をたて、「対峙段階」にあっては、民衆を動員した遊撃戦が敵を消耗させるカギになると述べていた。共産党の部隊である八路軍や新四軍は、日本占領地の背後にあたる華北・華中の農村部に浸透し、そこに「抗日根拠地」を築いていった。日本軍による戦線の拡大は、暴虐・収奪に直面させられた農民たちの抵抗を生み、そのエネルギーを吸収する「抗日根拠地」の増大をもたらしたのである。

遊撃戦によって切り開かれた各地の「抗日根拠地」は、それがある程度の領域を確保すると、○○辺区という行政区域としての呼称を持つようになる。辺区の最大のものは、延安を首府とする陝甘寧辺区で、中共中央もそこに置かれていた。辺区は、建前としては国民政府に属する行政機構だが、実質的には共産党の指導のもとに独自の活動・抗戦を行った。むろん、独自のといっても、共産主義運動を進めたわけではなく、抗日戦争の遂行を最優先とする方針から、地主の土地没収や階級闘争は当初抑制され、抗日に賛同する幅広い人士を政権に取り込むような工夫がなされた。辺区の政府委員に占める共産党員の割合を三分の一に制限する「三・三制」などがそれである。

抗日戦争期の延安を描いた版画(1943 年制作). 山上には延安の象徴たる宝塔が，また麓には山肌を穿つ民居(窰洞)が見える．中共中央は西安事変後に延安に移駐し，以後 10 年にわたりここを本拠地とした(『解放区木刻版画集』).

　ただし、抗日根拠地が拡大すれば、国民政府系列の地方政権・武装組織との競合や摩擦が生じることもまた避けがたかった。抗日根拠地の活動は、日本軍を相手とするだけでなく、それぞれの地方の国民党残存勢力との関係をいかに調整するかという点にも、神経を使わざるを得なかったのである。共産党の指導者の中には、例えば一九三七年末に帰国した王明のように、国民党との統一戦線の維持を最重視する見地——それはコミンテルン・ソ連の方針でもあった――から、国民党との摩擦を引き起こしかねない根拠地の拡大に懸念を持つ者もいたが、国民党への不信感の強い毛沢東らは、自党の独立自主にこだわり続けた。個々の根拠地(辺区)の領域は、遊撃戦の展開と日本軍の掃討によって絶えず拡縮したが、サテライトのような形で建設されていったその数は、一九四〇年には全土で一六カ所、麾下の兵力は八路軍と新四軍をあわせて約五〇万、人口四〇〇〇万ほどにまで拡大したといわれている。

汪精衛の重慶脱出

武漢・広州の占領によって「抗日支那政権を粉砕し得た」と考えた日本は、「今後は政略的進攻を行い有終の美を発揮すべき段階」に入るという情勢判断をしていた。つまり、重慶に押し込められ、軍事的にはとるに足らない存在になった国民政府を、分裂・屈服させるような政治工作を進めることで、事変の最終的な始末をつけるという目論見である。一九三八年一一月、近衛内閣は日本の提唱する東亜新秩序建設に参加するならば、国民政府であっても拒否しないという声明(第二次近衛声明)を発表し、年初の「国民政府を対手とせず」という第一次声明を事実上撤回したが、これはそうした国民政府への政治工作、具体的にはおりから進行していた汪精衛派の切り崩しを念頭に置いたものだった。

清末以来、孫文に従ってきた革命党の巨頭として、汪精衛の声望と経歴は、時に蔣介石をしのぐほど輝かしいものであり、実力において汪にまさる蔣介石も、かれにたいしては一目置くところがあった。当時、国民党副総裁・国民政府行政院長という要職にあった汪は、武漢失陥の前後から、公然と対日妥協による「和平救国」を唱え、日本側との水面下の交渉を進めていた。一一月下旬に上海で、汪の側近と日本軍関係者によって「日華協議記録」がとり交わされ、日華防共協定の締結、満洲国承認などと引き換えに、治安回復後二年以内の日本軍撤兵などが合意された。かくて、汪は一二月一八日に一党を率いて重慶を脱出したのである。

重慶から昆明《こんめい》を経由し、ハノイに飛んだ汪精衛らを待っていたのは、一二月二二日付けの第三次近衛声明であった。日本側が汪の重慶脱出に合わせて発表すると約束していたものである。だが、善隣友好・共同防共・経済提携からなる日中国交調整の三原則を示し、「日華協議記録」の内容を説明するこの声明には、協議記録で約されたはずの肝心の日本軍「撤兵」の文字はなかった。日本側は、「日華協議記録」合意後に、要求をさらに上積みした「日支新関係調整方針」を御前会議で決定していたのである。汪精衛らにしてみれば、ギリギリの妥協内容だと思えばこその行動だったから、かれらの衝撃と落胆のほどは察するに余りあろう。また、汪が期待をかけた雲南省の龍雲《りゅううん》ら地方実力者の同調の動きも起こらず、日本軍未占領地域での和平派政権樹立という汪の構想は出だしからつまずいてしまったのだった。

汪精衛政権　和平実現によって中国を滅亡から救うという大義を掲げた汪精衛一派ではあったが、ペテンにも似たやり口でハシゴをはずされ、同調者も得られない以上、残された道は、日本軍占領地に入り、その言い分を聞く政権を建てることだけだった。釣った魚にエサはやらぬとばかりに要求を積み上げる日本側との交渉を一年余り続けた後、一九四〇年三月に汪精衛は南京に「国民政府」を組織した。既存の傀儡政権である臨時政府(北京)、維新政府(南京)もこれに合流することになった。

汪政権下の南京に翻る国旗(1940年4月．朝日新聞社)．

汪精衛政府の成立式典は、首都を南京に還す「還都式」と銘打たれ、同様に正統性へのこだわりから、掲げる宗旨は孫文三民主義、国旗も青天白日満地紅旗とされた。ただし、国旗が重慶政府と同じでは紛らわしいという日本側の意向で、「和平反共建国」と記した黄地の三角布をつけるという珍妙な国旗となっている。このように、汪政権は万事にわたって正統な中国政府であることに執着したが、実質的な支配領域は、江蘇・浙江・安徽の三省にとどまった。当然のことながら国際的な承認は得られず、のちにドイツとイタリア(一九四〇年九月に日独伊三国軍事同盟締結)が一九四一年七月に承認したくらいである。

承認ということでいえば、汪に政府をつくらせた日本ですら、正式承認したのは汪政府が成立して八カ月もたってからだった(一九四〇年一一月)。実は、引きずり出してはみたものの、汪精衛一派の威望のなさは日本の予想以上で、重慶政権は瓦解するどころか、親日和平派を一掃して、かえって求心力と存在感を強めていた。かくて、日本は汪政権成立後も——汪の体面を傷つけるのを承知の上で——対重慶工作(桐《きり》工作と呼ばれる)を続け、その失敗があきらかになってから、ようやく汪政権を正式承認したのだった。頭越しの対重慶工作をやめようとしない日本側の態度は、もともと脆弱な汪政権の政治基盤をさらに弱めることになった。

汪精衛政権は日本軍の占領が長期化するなか、日本軍と占領地住民の間に立って、民生の安定や経済の復興を掲げた。ただし、そもそも政府成立時に汪が受諾させられた日本側の要求は、汪の側近ですら「無法極まること二十一カ条(一九一五年の対華二十一カ条要求)以上……中国を日本の属国化するもの」と論断するほどの内容であってみれば、汪政権がいくら民生の安定に心を砕いたところで、民心を得ることにはつながらなかった。

汪政権下の長江下流域の都市部では、たしかに一部で経済活動の回復がみられたが、それは上海租界経済の奇形的繁栄と戦災からの復興景気、対外交易の再開に支えられた面が多く、それが汪政権の存在と政策によるものだということはできない。日本軍占領地では、汪政権成立以前から重慶政権を兵糧攻めにするための経済封鎖・物資統制が布かれていたため、汪政権もそれを受け入れざるを得ず、ために民衆は物資不足と物価騰貴に苦しみ続けたのだった。

漢奸と傀儡

中国には「漢奸《かんかん》」という言葉がある。異民族に協力する裏切り者という意味で古くからある言葉だが、一九三〇年代以降は、主に対日協力者を指す侮蔑語として広く用いられるようになった。日本の中国侵略が本格化した結果、さまざまな理由でそれに協力した、あるいは協力させられた人々が激増したことがその背景である。

対日和平に走った汪精衛らは、当然に重慶側からは「漢奸」と呼ばれた。これにたいして、汪政権側は日本人顧問の受け入れに抵抗するなど、傀儡性が露骨になるのを避けるべく腐心した。これは中国の政権としての自尊心もさることながら、「漢奸」の称を受けること自体が、政権の存在意義や正当性を失わせ、ひいては和平に向けた南京と重慶の再合流を――それが現実としては難しいとしても――不可能にするからである。かくて、重慶政権の存在を絶えず意識し続けた汪派の人々は、汪政権の成立後も、ひそかに重慶との連絡を維持し、直接に重慶政府の軍と戦うことには容易に踏み切らなかった。

こうした点をとらえれば、日本にとって汪政権は、たしかに期待はずれで中途半端な代物だった。ただし、戦争の長期化に伴い、「戦争でもって戦争をまかなう」現地調達方針に移行した日本軍にとって、人的・物的資源の供給協力者としての利用価値はそれなりにはあった。日本は、占領地の経済開発のため、一九三八年一一月に北支那開発(傘下に一二の子会社)、中支那振興(同一三)といった国策会社を設立し、直接経営によって物的資源の略奪型開発を進めたが、軍民用米穀の買い付け、日本の軍票の価値を維持するための物資確保、さらにはインフレ用紙幣(儲備《ちょび》銀行券)の発行などは、汪政権の協力なしには難しかったからである。

人的資源についていえば、現地での物資輸送や塹壕掘り、道路修築などの労働力の徴発は途方もない量におよび、それが日本軍によるものか、汪政権を通じたものかをわけることすらできない。やや後のことになるが、日本軍が一九四四年に大陸打通作戦を行ったさい、華北から仏領インドシナまで長途跋渉《ちょうとばっしょう》した師団の中には、兵の数よりも荷役として拉致《らち》した中国人「苦《クー》力《リー》」の数のほうが多かった例もあったという。

戦局の拡大によって日本国内の労働力不足が深刻化すると、日本政府は一九四二年に中国人労働者の日本への「移入」を決定した。「移入」元は、戦禍による窮乏が深刻だった華北が中心で、一九四三年の試行以降、約四万人が地方傀儡政府の協力を得て日本へ送られている。募集という名目だったが、実態は拉致・強制連行による労働者狩りであった。

日本軍占領地の「治安粛正」

戦争が対峙状態に入って後、日本は戦闘力の高い常設師団を随時内地に帰還させる一方、守備任務に適した警備用師団と戦闘力において劣る独立混成旅団を多数編成して、「抗日根拠地」の広がる華北の占領地に展開させた。「長期持久の態勢」に移行するとともに、「次期国際転機に備える」というのが派遣軍再編の理由だった。「次期国際転機」とは、一九三九年夏のノモンハン事件(ソ連軍の前に日本軍は敗北)に見られるような対ソ戦への準備、ならびにその秋にドイツのポーランド侵攻（第二次世界大戦勃発）という形をとってあらわれることになる欧州情勢の急展開である。

華北の抗日根拠地の掃討や占領地の治安維持を担当した北支那方面軍は、広範な地域に小部隊を分割配置した。これは「高度分散配置」と呼ばれている。分散配置は、広範な地点への部隊の常駐によって民衆を掌握すべく採られた方針であり、山西に配備された警備用師団（第三七師団）を例にとると、一万五〇〇〇ほどの兵力が日本の四国ほどの面積に相当する地域に分散し、二〇〇以上の大小駐屯地に配備されていた。単純計算では、一平方キロを日本兵一人で警備していたことになる。この兵力密度は、北支那方面軍全体では、一九四〇年時点で、わずか〇・三七人にまで薄まる。分散配置ゆえにさらに軍紀の退廃をきたした日本軍小部隊は、反抗する住民とそれに連携する八路軍の襲撃に絶えず悩まされた。

八路軍が華北で起こした最大の作戦が、一九四〇年夏秋にかけて一〇〇余りの団（団は日本の連隊に相当、ただし兵員数はかなり少ない）、二〇万の兵力を動員した百団大戦《ひゃくだん》である。山西から河北にかけての鉄道・通信線・日本軍警備拠点に対する一斉攻撃は、日本側のまったく予期せぬものだった。当時、日本軍は、国民政府軍の暗号については実に八〇％を解読していたといわれるが、八路軍の暗号については解読が進んでいなかった。解読云々以前に、八路軍に大攻勢をかけるだけの力があるとは思っていなかったのである。

百団大戦は、日本軍の高度分散配置の弱点をつく形で、大きな打撃を与えた（日本側の死傷者約五〇〇〇）が、八路軍も二万人を超える死傷者を出すなど、払った犠牲も小さくなかった。八路軍の力量に衝撃を受けた日本軍は、ただちに「燼滅《じんめつ》作戦」と呼ばれる報復戦にかかり、抗日根拠地にたいして毒ガス兵器の使用をふくむ徹底的な掃討を加えた。この掃討戦にあたっては、「敵をして将来生存する能わざるに至らしむ」こと、すなわち徹底的な殺戮・破壊・略奪によって、軍のみならず「敵性ありと認むる住民」をも死滅させることが指示された。中国側はこれを「三光《さんこう》作戦」（焼き尽くし、殺し尽くし、奪い尽くすという意）と呼んだが、この掃討戦によって、八路軍と根拠地も甚大な打撃を受け、なかには八路軍部隊が半分に、根拠地の人口が三分の二以下に激減してしまったところもあった。

華北（北平の西郊）の抗日根拠地の民兵たち．ふさのついた槍を持っている者もいる（1939 年．『八路軍抗日根拠地見聞録』）．

大後方の経済事情

一九三八年末までに経済の中心地域を失い、奥地へ押し込められた国民政府もまた苦境に立たされた。「大後方《だいこうほう》」と呼ばれた内陸部の西南六省（四川・西康《せいこう》・雲南・貴州・広西・湖南）と西北五省（陝西・甘粛・寧夏・青海・新疆）は経済的に立ち後れた地域であった。抗戦前のこれら奥地における近代的工場の比率は全国の八％にとどまっており、発電量に至っては、わずか二％に過ぎなかったといわれる。奥地への工場移転は戦火をぬってなされたものの、最大の工業地帯であった上海地区からの移転工場数は、一九三九年五月までで一五〇余りにとどまり、戦前に五〇〇〇といわれた上海工場数のわずか三％に過ぎなかった。

税源ひとつをとってみても、戦前には税収の大半を輸入関税など流通税に依存していたことを想起してほしい。沿海部の主要地を失うことは、これらの税収が軒並み激減することを意味した。国民政府はやむなく、一九四一年にそれまで省の財源とされていた田賦《でんぷ》（土地税）を中央政府に移管し、あわせて金納から物納（および食糧の強制買い上げ・借り上げ）へと切り替える措置をとった。金納から物納という一見時代を逆行するようなことが行われたのは、これが戦時食糧統制の役割を併せ持ったからである。田賦収入は英米ソからの援助物資・借款と並んで、財政を支える大きな柱とはなったが、日本軍による封鎖が強まるなか、物資の不足と通貨（法幣）・公債の増発によるインフレは避けられなかった。一九四〇年の食糧価格は戦前の五倍に、翌年には二〇倍を超えるに至り、都市生活者の困窮は耐え難いものになっていった。

限られた大後方の経済資源は、当然に国防関連の工業建設と援助物資運輸ルートの確保に優先的に振り向けられた。前者の例としては、国民政府資源委員会の指導のもとに再度着手された重工業建設、石炭・石油資源の開発が重要で、戦況・国際情勢の最も厳しかった一九四二年までの間、生産を伸ばし続けたその意義は決して小さくない。また、後者でよく知られているのが、雲南省昆明からビルマに至る全長三〇〇〇キロを超える山岳道路、すなわちビルマ・ルート、同じく仏領インドシナへ至る仏印ルート、そして新疆からソ連に至る西北ルートである。これらは一括して援蔣《えんしょう》ルートと呼ばれた。日本軍は重慶政府が屈服せぬのは、援蔣ルートによる英米の外援のせいだと考え、その遮断をはかるべく、仏印進駐(一九四〇年九月)という挙に出るわけだが、それは英米の反発を呼び、日中戦争の国際的拡大へとつながっていった。

銃後の社会

日本同様、国民政府にとっても抗日戦争は総力戦だった。だが、中国の総力戦体制は、兵士の徴募ひとつをとってみても、日本のそれとは社会背景を異にしたものだった。兵役法自体は一九三三年にいちおう公布され、盧溝橋事件後の一九三七年八月には、全国徴兵令も出されてはいた。だが、大後方で最大の人口を有する四川省(約四七〇〇万人)などでは、戸籍も整備されていなかったのである。かくて、一九三九年に開始された四川省の徴兵制では、徴兵実務にあたる地方の役所が、課された徴兵数を下級の郷(行政村)・鎮(町)へと割り振り、郷・鎮がさらに保甲制の保に割り振るという具合にせざるを得なかった。

大後方にあっては、抗戦のために奥地農村の民衆を国民意識やナショナリズムによって組織・動員するのは至難だった。重慶・成都などは一九三八年以来、日本軍機による爆撃を受け、

日本軍機の爆撃を受けた重慶市街(1939年5月)．重慶への爆撃は，1938年から43年にかけて，延べ200回以上おこなわれ，中国側の統計によると1万を超える犠牲者を生んだ(毎日新聞社)．

大きな被害を出していたが、奥地農村の民衆にとっては、見たこともない日本軍と戦うために、あるいは「お国のために」命を捧げる理由を見いだすことは難しかった。これは、暴虐な日本軍と向き合わざるを得なかった華北の「抗日根拠地」の民衆との決定的な違いである。

ナショナリズムの喚起力については、重慶の市民を対象としたこんな調査（一九四〇年前後）が残っている。すなわち、青天白日旗が国旗であると答えられた者は八一％、国歌をうたえる者は三四％、中国の戦っている相手が日本だと答えられなかった者もおり（七％）、自分や息子が戦争に行くのを望まぬ者は半数を超えていた。戦時首都の重慶にしてかくのごときであれば、人口の八割を占めた農村の状況は推して知るべしであろう。

かくて、徴兵業務を担わされた末端の保では、徴兵基準の不正運用、忌避・逃亡が頻発する一方、ノルマを達成するための替え玉やよそ者の拉致・壮丁買いが横行した。兵士の待遇が劣悪だったことも手伝い、戦区に配属される前に、兵の約一五％が減少したといわれている。満足のいく兵の補充を得られない前線の部隊でも、現地での壮丁狩り(拉夫《らふ》と呼ばれた)によって、兵の消耗に対応することが常態化した。

粗放な農村掌握のもとで強行された徴兵・田賦徴収は、その実施を請け負わされた保甲長らの権力濫用《らんよう》とそれに伴う汚職・腐敗を招き、在地社会を不安定化させ、政府への不満を激しくさせることになった。数字だけを見れば、大後方では徴兵・食糧ともに政府の数値目標をかなり達成しているが、それは広大な領域と膨大な人口という規模の優位性に依拠して、そこに目の粗い網をかぶせるという大後方流の総力戦によって得られたものだった。

3　より大きな戦争へ

日中戦争の国際化

日本の中国侵略は、直ちに英米ソなどの直接介入を招くことはなかったものの、抗戦勢力の屈服と占領統治の長期安定化をねらった日本側の政治・経済的措置が拡大していくにつれて、それらは日本にとって国際的な軋轢・反発の形ではね返ってくることになった。長江の封鎖(外国船舶の航行禁止)を継続したこと、天津の英仏租界を封鎖したこと、中国から列国を事実上締め出す「東亜新秩序建設声明」(第二次近衛声明)を出したことは、それぞれ重慶政権の締め上げ、抗日分子の温床根絶、汪精衛和平工作の一環としてなされたものだったが、それらはいずれも強い国際的反発を招き、英米(とりわけ米)を道義的な援中制日から実質的な援中制日へと転換させることになった。いわば、戦争自体が泥沼化しただけでなく、その泥沼であがくことが日中戦争の国際的拡大へつながっていったのである。

この意味でいえば、一九三九年九月のドイツ軍ポーランド侵攻によって第二次世界大戦が勃発したことは、日中戦争がさらに国際化していくことにつながった。すなわち、日本は緒戦でのドイツの勝利、フランス・オランダの降伏を見て、いわゆる「南進」政策に踏み切るわけだが、そこには東南アジアを経由する列国の対中援助を遮断して中国を屈服へ追い込むという狙いがあった。また、東南アジアの戦略資源を確保することで、英米への資源依存も脱却できるという一石二鳥の効果があると考えられたのである。すなわち、一九四〇年七月の南進政策の決定以降、日本は「事変」の収拾を日中二国間で解決するという従来の方針を実質的に放棄し、国際政治の枠組み再編を通じた解決をもとめるようになったのだった。

一方、蔣介石にとっても、抗日戦争が国際化していくことは、かねてより予測・期待していた事態であった。駐米大使・胡適や宋子文を通じた積極的な対米外交の推進、そして何よりも日本の「南進」とドイツ・イタリアとの同盟が――日本にとっては予想以上の――英米の強い反発を引き起こしたこともあり、アメリカは一九四〇年九月の日本の北部仏印進駐をはさんで、二度にわたって四五〇〇万ドルの対中借款を決定するとともに、屑鉄《くずてつ》の対日輸出禁止に踏み切った。さらに、一一月に日本が汪政権と「日華基本条約」を結んで同政権を承認すると、アメリカは直ちにその否認を声明するとともに、重慶政府にたいする追加借款を決定した。一九三九年以降、重慶政府になされた借款は、アメリカから五回、計六億二〇〇〇万ドル、イギリスから五回、計五八〇〇万ポンドに上っている。

その後、一九四〇年末から断続的に続けられた日米交渉の中で、アメリカはさらに日本に対して非妥協的となり、日本の在米資産凍結、石油の対日全面禁輸を打ち出す一方、最後には「中国および仏領インドシナからの日本軍の完全撤兵」を求める国務長官ハルの覚え書き、すなわちハル・ノートを提示するに至った(一九四一年一一月)。交渉を見限った日本の採った策が、一九四一年一二月八日の対米英宣戦布告、すなわち日中戦争をより大きな戦争の中に投げ込んで処理するという大ばくちだったことは、周知のとおりである。盧溝橋事件以来、南京攻略・武漢占領と、そのたびごとに「不拡大」方針を唱えながら、明確な戦争方針を欠いたままずるずると拡大された日本の侵略戦争は、ついに世界を相手にする大戦へと行き着いたのだった。

太平洋戦争の中の中国

日本の宣戦を受けて、米英は日本に宣戦、中国も日本、ならびにその同盟国であるドイツ・イタリアに正式に宣戦布告した(一二月九日)。開戦前の日米交渉の推移を、祈るような気持ちで見守った蔣介石にとって、太平洋戦争勃発の報は、満洲事変以来の中国の政略(日中問題の国際的解決)が苦難の果てに達成されたことを意味した。対

太平洋戦争開戦とともに上海の共同租界に進駐した日本の戦車隊（1941 年 12 月．毎日新聞社）．

日戦勝利の展望を得た蒋介石ら国民政府は、抗戦の目標を盧溝橋事件以前の状態への復帰から、日本の大陸侵略政策の根本的否認、すべての日本軍の中国からの撤退へと引き上げていくことになる（本章扉写真参照）。

一九四二年一月、中国は、米英ソなど二五カ国とともに、自由と人権の擁護、単独講和することなく一致してファシズム諸国を打倒することなどを内容とする「連合国共同宣言」に調印、連合国軍が結成された。南方進出によって若干減じたとはいえ、なお六八万の日本軍（支那派遣軍）が展開していた中国戦線を中心とする連合国中国戦区（ヴェトナム・タイを含む）の最高司令官には、蒋介石が任命された。三月にはその参謀長として、米軍のスティルウェル将軍が重慶に着任した。

中国の日本軍は開戦と同時に、「孤島」と称され、抗日運動の拠点となっていた上海などの租界を制圧するとともに、香港攻略戦を開始し、一九四一年末までに同地を占領した。また、援蒋ルートの要であったビルマ・ルートも、翌年二月の日本軍のビルマ占領によって遮断されてしまった。ビルマ・ルートの遮断は、マレー、シンガポールの失陥に伴う東南アジアからの華僑義援送金の激減とあいまって、中国の抗戦体制に大きな打撃となった。

一方、中国内陸部では、日本軍は香港攻略戦に呼応する形で、湖南省長沙への三度目の攻囲戦に出て、いったんは長沙に入ったものの、逆に中国軍に包囲され、撤退を余儀なくされた。中国正規軍による反攻は、一九三九年暮れのいわゆる冬季大攻勢が、日本軍をして「敵いまだ健在の感を深くす」と言わしめるほどの勢いを示していたが、太平洋戦争開始以後は、アメリカの武器貸与法によって得られた装備や借款によって、単独抗戦期に被った損耗から徐々に回復することになった。

ビルマ・ルートを行くジープ(1944 年 12 月)．1942 年にビルマ・ルートが遮断されると，連合国は新たなルートの建設を急ぎ，インドのアッサム州レドから昆明に至る新自動車道路を建設した(『中国抗日戦争時期』)．

租界の返還

中国は日本に宣戦布告したものの、日本は結局敗戦まで中国には宣戦布告をしなかった。日本にとって建前上の中国とは、「対手にせず」と否認した重慶政府ではなく、南京にこしらえた汪政権だったからである。日本は、対米英開戦の「詔書」で「残存政権」と呼んだ重慶政府に対する和平工作を裏面で続ける一方で、汪政権の対米英「参戦」を認め(一九四三年一月九日に宣戦布告)、同政権の主体性を装う意図から、新たな条約を結んで上海などの租界を汪政権側に返還した。汪政権は、租界接収を対日和平・対英米参戦の成果と自賛したが、参戦はそれに見合う税金や徴用などの負担増加を汪政権に強いるものでもあった。

米英両国も、一九四二年一〇月に中国に対する不平等条約の廃棄を発表し、翌年一月に治外法権撤廃等の条約に調印した。二六カ国からなる「連合国共同宣言」の調印にあたって、中国は、米英ソに次ぐ署名序列を得、そのさいに代表の宋子文はローズヴェルトから、「四大国入りを歓迎する」という言葉をかけられていたが、その対等待遇が条約の上で確認されたのである。ただし、香港(租借地としての九龍《きゅうりゅう》部分)だけは手放そうとしないイギリスとの意見調整に手間どったため、英米との新条約調印は、わずか一日ではあるが、日本・汪政権間の調印に先を越されてしまい、蔣介石を大いに悔しがらせた。香港の返還がその後、一九九七年になってようやく実現したことは、周知のとおりである。

また、一九四三年一二月には、一八八〇年代以来、中国の対米感情を長期にわたって損なってきたアメリカの「排華法」、すなわち中国人移民を受け入れない人種差別的な中国人排斥法が撤廃され、部分的にではあるが、中国人移民の受け入れが再開されることになった。これは、日本が人種差別の撤廃、アジア諸民族の創造性の伸長などをうたい文句にして、「大東亜共栄圏」「アジア解放」などの大義名分を掲げていたことへの道義的対抗でもあった。

中ソ関係

米英が中国支援に積極的に乗り出したのとは対照的に、第二次大戦勃発後の中ソ関係は、しばしば中国側を落胆させるものであった。ソ連は、抗日戦争初期にあっては、中国の数少ない支援国ではあったが、ドイツと日本による東西からの軍事的脅威が現実的なものになると、独日とそれぞれ「独ソ不可侵条約」(一九三九年八月)、「日ソ中立条約」(一九四一年四月)を締結して、自国の安全保障を優先し、従前の反ファシズム統一戦線と矛盾するかのごとき外交を展開するようになったからである。とりわけ「日ソ中立条約」は、調印に合わせて発表された共同声明で「ソ連は満洲国の領土保全と不可侵の尊重を保証し、日本はモンゴル人民共和国の領土保全と不可侵の尊重を保証する」と述べ、中国が神経をとがらせていた領土主権にかかわる問題に踏み込んでいた。これは、中国世論の対ソ感情を大きく損ない、ソ連の影響下にあると考えられていた中共に対する連鎖的不信感にもつながった。

さらに国民政府の対ソ不信を強めたのは、新疆におけるソ連の動向だった。新疆では一九三〇年代半ばより、「新疆王」の異名をとった新疆省政府主席の盛世才《せいせいさい》が、国民政府の影響を排除し、親ソ・親共政策をとっていた。抗日戦争が始まると、ソ連からの支援物資の輸送ルートとして新疆を重視する国民政府は、盛世才の独立状態を容認せざるを得なかったが、ソ連はその盛との間で一九四〇年一一月に、ソ連の広範な経済権益と武装警備隊の駐留権を認めさせる秘密協定を結んだのだった。

独ソ戦勃発後のソ連の苦境を見た盛世才は、親ソ政策を転換して国民政府に帰順したが、秘密協定の存在を知った蔣介石は、ソ連への嫌悪感をさらに強め、一九四二年以降、新疆の油田施設や駐屯地からのソ連人員・兵士の撤収を強く求めた。かくて、一時は最も重要な援助ルートとされた西北ルートは閉ざされることになったのだった。その後、独ソ戦がソ連優位に傾くと、ソ連は盛に代わる親ソ勢力を新疆に扶植するため、ウイグル族ムスリムの民族運動を支援する形で再び介入を行った。一九四四年一一月のクルジャ暴動に続いて樹立された民族政権「東トルキスタン共和国」は、ソ連の支援を受けたものである。

こうしたソ連の対中政策は、中国国内の国共関係に暗い影を落とすとともに、中国の戦後体制構築に向けた国際的枠組みを極めて複雑なものにしていくことになる。

国共の確執と衝突

国共両党の合作体制は、一致抗日を訴えるナショナリズムの圧倒的な高まりを受けて築かれたものである。それゆえ当然に、戦うべき侵略者・日本軍が中国にいるかぎり、合作は続くべきもののはずだった。だが、米英の参戦を呼ぶまでに、すでに四年半の長きに及んでいた抗戦が、ある意味で日常になっていくなかで、国共両党の互いへの不信感は増すばかりであった。すなわち、華北における抗日根拠地の拡大と八路軍の増強ぶりに脅威を感じる国民党と、国民党はいつ日本軍と妥協して反共に転ずるのかと疑う共産党の相互不信である。

一九三九年一月に「一人の指導者、一つの主義、一つの政党」を掲げて「異党活動制限辦法」を制定したのを皮切りに、国民党は共産党の活動にタガをはめる措置を次々に打ち出していったが、命令に従わないとみた場合には、共産党系部隊への武力行使も辞さなかった。一九四一年一月に発生した華中の新四軍への攻撃・武装解除(新四軍事件)などは、その一例である。国共の衝突・対立が日本を利することになるのを懸念する内外の世論の圧力によって、事態のそれ以上の悪化は回避され、以後両党は交渉こそ続けたが、相互不信は決定的なものになった。

新四軍事件の二カ月前から、国民政府は共産党の「辺区」への軍費支給を停止していたが、事件後には、「辺区」の軍事的・経済的封鎖をより強化した。抗日に名を借りた共産党側の支配地拡大を抑制するためである。軍費支給など辺区外からの援助は、一九四〇年で陝甘寧辺区の財政収入の七割を占めていたから、国民党による締め上げは、日本軍による掃討戦徹底と相まって辺区を苦境に陥れた。

共産党は、税制見直しや「精兵簡政《かんせい》」をスローガンとした組織の簡素化、生産拡大運動などによって自活をはかるとともに、重慶など大後方で他党派への働きかけを強めた。おりから大後方では憲政への早期移行を求める声が高まっており、これを敵視した国民党は、一九四二年三月に国民参政会から急進派の民主政団同盟のメンバーを排除するとともに、言論や出版への統制を強化していたのである。民主政団同盟(のちに中国民主同盟に発展)などの民主派グループの進める憲政運動はその後、国民党の一党支配打破という点で、「連合政府」を掲げる共産党に次第に歩み寄っていくことになる。国共の軋轢が強まると、共産党はそれまでの「辺区」を次第に「解放区」と呼ぶようになり、独立自主方針をより強調するようになった。

重慶の風景

一九四二年九月、日本の大本営はいったんは重慶攻略作戦の準備を命じたが、一二月には作戦の中止を発令せざるを得なかった。太平洋の戦局は当初こそ良かったものの、開戦の翌年にはガダルカナル島攻防戦をはじめとして苦戦の度を強めており、とても中国戦線で積極攻勢に出られるような状態ではなくなっていたのである。

一方、重慶を中心とする大後方自身の抗戦体制も、困難を増しつつあった。インフレが深刻化するなか、国民政府は一九四二年三月の国家総動員法にもとづき、経済・社会の統制強化をはかったが、モノの不足とインフレの進行は、物資の隠匿や密輸、経済投機を招き、官僚や軍人たちの間に汚職・腐敗が広がったのである。蔣介石の側近が得た情報は、「密輸商売をしているのは、決まって党・政の機関か軍隊かであり、純粋な商人が密輸商売をすることはもう難しくなっている」(蔣介石侍従室の幕僚だった唐縦《とうじゅう》の日記、一九四四年六月二九日)というものだった。つまり、密輸は悪徳商人の手を離れて、公的組織の正業になっているというのである。重慶政府は大後方や前線部隊の物資不足を緩和するために、日本軍占領地からの物資移入を認めていたが、それは公的機関による物資の横流しと裏表の関係にあったのだった。

むろん、蔣介石もこうした腐敗を放置したわけではない。当時、蔣介石の肩書きは、国民政府主席・国民党総裁・国防最高委員会委員長・行政院長・軍事委員会委員長・陸海空軍大元帥以下、数十の要職を兼任するものになっていたが、この文字どおりの最高指導者は、個々の部隊の移動経路から民用電力の節約方法に至るまで、何でも細かく直接指示（「手令《しゅれい》」と呼ばれる）を出すのを好んだ。政府高官の汚職・腐敗への対処も例外ではなく、孔祥熙《こうしょうき》（財政部長・中央銀行総裁）がかかわった米ドル公債の不正が一九四五年春に発覚すると、蔣はこの義兄に証拠を突きつけて白状を迫っている。ただし、これを正式に表沙汰にしては、つとに戦時をよいことに一族で焼け太りしているという評のあった政権への打撃が決定的になる。そう判断した蔣は、結局は孔の辞任で幕引きにせざるを得なかった。こうした重慶政権のひずみは、「独裁」批判の世論の高まりを呼び、国民政府の統治基盤を掘り崩していくことになった。

共産党の整風運動

共産党は、日本軍による辺区への掃討戦と国民政府による軍事封鎖という苦境から生じる危機感を、党の内部固め、具体的には党員の思想統一、組織の規律強化へのエネルギーに転化させた。一九四二年から翌年の「整風《せいふう》運動」と呼ばれるものがそれである。

1940 年代に制作された毛沢東の肖像版画．整風運動によって毛の権威が確立するのにあわせて，さまざまな肖像が著作集の表紙，紙幣，切手などに使われるようになっていった(楊昊成『毛沢東図像研究』)．

当時、毛沢東は抗日戦における指導力を認められ、党の指導部において、すでに一頭抜きんでた存在になっており、コミンテルンですら、党中央が「毛沢東を頭とする指導のもとに団結する」よううながすほどだった(一九三八年の指示)。また、延安には共産党の抗日姿勢に共感する知識人・青年たちが続々と集まり、党員は全国で八〇万人(一九四〇年時点)に達していた。こうした党員増加に伴う組織的弛緩、作風の退廃を是正するという見地から起こされた整風運動は、中国の実情とより深く結びついたマルクス主義の実践(マルクス主義の中国化)を掲げたが、それは事実上、毛沢東の思想への帰依を全党に求めるものにほかならなかった。

抗日戦このかた、毛沢東は艾思奇《がいしき》・王学文《おうがくぶん》ら延安に参集したマルクス主義理論家との交流を通じて、理論レベルの向上に努めていた。共産党の指導者たるもの、単なる戦略家、実践活動の成功者では不充分であり、人に引用されるような理論を持たねばならないからである。また、毛は党の歴史総括にも本腰を入れ、「過去の誤てる路線を是正し、党を救った指導者」という自己像の確立に力を入れた。

過去の路線に対する総括は、なお一定の影響力を持っていた「留ソ派」をはじめとする他の指導者たちの権威を失わせることにつながるものである。

一九四二年以降の整風運動は、こうした下準備を経た上で、指定文献の学習を通じて「自己の活動や思想を反省すること」を全党に徹底する形で行われた。党員集会での自己反省は、しばしば「ズボンを脱いでシッポを切る」(全てをさらけ出して、欠点を根絶する)ことに喩えられ、それが党の指導層に適用される場合にも、内面におよぶ自己批判・懺悔の表白——すなわち毛への全面的服従の表明——を伴う峻烈なものだった。

党最高指導者の誕生

整風運動における党上層部の自己批判がいかなるものであったかについて、類《たぐ》い希《まれ》なる実務家であり、そして西安事変以降は国民党との交渉という難事を一手に引き受けていた周恩来の例を見てみよう。

一九四三年一一月に毛沢東らの面前で自己批判を迫られたかれは、出自(没落した封建家庭の生まれ)や個人的資質(八方美人・奴隷根性)にさかのぼって自らの欠点を数えあげ、一九三〇年代の活動において、「教条主義派支配の共犯者」として党や軍の「簒奪《さんだつ》に荷担した」ことをはじめ、「思想面・組織面において大きな罪を犯した」と自己批判している。教条主義派とは、毛が整風運動での標的とした王明・秦邦憲《しんほうけん》・張聞天《ちょうぶんてん》らかつて党を牛耳った留ソ派のことである。その上で、周は「ここ数年の実践を経て」毛沢東の指導にたいし、「心底より信服する」に至ったと表明させられた。晩年にまで至る毛への服従のはじまりだった。

これより先、一九四三年三月には毛沢東が党内で「最終決定権」を持つことが承認され、五月にはコミンテルンが解散を決定するなど、毛の絶対的指導権確立への障害は、すでになくなっていた。党幹部・党員の忠誠に支えられた毛の権威は、整風運動を通じて次第に個人崇拝にまで高まっていくことになる。整風運動は「マルクス主義の中国化」を標榜するものではあったが、現実にはスターリン流の党組織論・歴史観に範をとったものであり、その意味ではソ連で進行した党のスターリン化を中国でも推進しようとした試みとみることができる。

毛沢東の独尊的権威を公的に確認したのが、「毛沢東思想」を「党の全ての活動の指針とする」ことを党規約に盛り込んだ第七回党大会(一九四五年四～六月に延安で開催)であった。党大会の直前には、毛沢東が推敲を重ねた「若干の歴史問題に関する決議」が採択されたが、毛の「正しさ」から共産党と革命運動の歩みを説明するこの決議は、それ以後の共産党の歴史叙述・歴史認識を全面的に規定するものとなった。

日本の降伏の直前に開かれた第七回党大会では、連合政府論と呼ばれる独自の戦後構想も提示された。国民党の一党独裁を終わらせるとともに、国共両党を含む諸党派が平等な立場で連立政権を樹立し、戦後の再建を行うという構想である。これは、同じころに開かれた国民党の第六回大会が、戦後に予定される憲政実施後も、国民党の主導権を確保する方針を打ち出したことに対抗するものであった。戦後をにらんだ主導権争いは、すでに始まっていたのである。連合政府論にみられるように、共産党は戦後直ちに自覚が勝利し、社会主義革命が行われるとは想定していなかったが、「解放区」においては、のちの人民共和国につながる原風景ともいうべき社会管理が試行されていた。その代表的なものが、ソ連に範をとった幹部等級別待遇制と個人檔案《とうあん》による人事管理である。

延安――党化社会の原風景

前者は、党政軍の幹部職員をいくつかの等級にわけ、等級に応じて衣食住や医療・保健など受けられる社会的サービスを規定する制度である。共産党は幹部や機関職員・兵士にたいして、それまで待遇にさほど差のない配給制をとっていたが、一九四一年以降、ソ連の制度を持ち帰った任弼時《にんひつじ》らによって、例えば食事水準を職級によって三等にわけるような改革を行っている。組織がある程度の規模を持つようになった当時の状況からすれば、こうした等級制度の導入は避けられないものではあったが、「格差なき社会」を理想とする知識人（例えば、整風運動で批判された王実味《おうじつみ》など）の中には、不満を感じる者もいた。この幹部等級別待遇制は、その後形を変えながらも、人民共和国の幹部制度につながっていくものである。

一方、個人檔案とは、入党に際して提出する履歴書、活動に関して組織の上司が記す評定、整風運動などのさいに作成される反省書、密告や調査によって判明した過誤など、個人の政治評価を決定する人事記録のことで、党組織の人事部門が厳格に管理し、本人も見ることができないものである。これを幹部党員について本格的に作成・管理するようになったのは、共産党が延安に本拠を構えるようになってからだった。

個人檔案は組織の引き締めや幹部審査のさいに重要な物証となったが、整風運動が一九四三年以降、組織内に潜り込んだ敵対分子(スパイ)の洗い出し・粛清を進める大衆運動(「搶救《そうきゅう》運動」と呼ばれた)にエスカレートすると、本人のあずかり知らぬまま檔案に入れられた嫌疑・罪状が多くの冤罪を引き起こすことになった。檔案制度はその後も党員管理の要であり続け、人民共和国成立後には、その範囲が農民を除く非党員にも拡大されていくことになる。

共産党の党員数は、整風運動によっていったんは減ったものの、一九四五年の第七回党大会時点では、一二〇万を超えた。これは同時期の国民党一般党員の約半分であるが、党中央の意向をより効率的に下達できるメカニズムを備えていたという点では、その実践力は国民党を上回っていたとみることができる。

4 抗日戦争の終結

カイロ会談とヤルタ密約

一九四三年になると、連合国側の反攻は、太平洋戦線でもヨーロッパ戦線でも力強いものになった。二月に日本軍をガダルカナル島から撤退させた米軍は、島づたいに西進し、一方ヨーロッパでは九月にイタリアが降伏した。こうした戦局転換のもとで開催されたのが、米英中の三カ国首脳によるカイロ会談(一一月)である。会談後に発表された宣言では、日本にたいして、無条件降伏、台湾・満洲の中国返還、朝鮮の独立などを要求することが表明された。これを受けて、翌年春には国民政府の中央設計局のもとに陳儀《ちんぎ》を主任とする「台湾調査委員会」が設置され、半世紀にわたって日本の植民地となってきた台湾の現況調査と接収のための準備活動が開始された。

カイロ会談での三巨頭．左から蔣介石，ローズヴェルト，チャーチル，右端は宋美齢．アメリカ留学の経験がある宋美齢は 1942 年末から半年ほど訪米，各地で中国への支援を訴え，抗戦中国の対外的象徴であった(毎日新聞社)．

満洲(中国東北部)の接収に向けても、同様に「東北調査委員会」が設置されたが、台湾と違い、東北の問題は、ソ連の対日参戦による大戦の早期終結を期待する米英とソ連の思惑とが絡み合う国際政治の影響を受けた。カイロ会談の直後に開催された米英ソ首脳によるテヘラン会談(一九四三年一一～一二月)で、スターリンは対独戦終了後に対日参戦すると確約していたが、一九四五年二月に同じメンバーで開催されたヤルタ会談では、中国のあずかり知らぬところでソ連の対日参戦の条件が秘密合意されたのである。

ヤルタ密約と呼ばれるもののうち、中国にかかわる合意事項は、外蒙古(モンゴル人民共和国)の現状維持、大連《だいれん》(商港)・旅順(軍港)にたいするソ連の権益保障、中東鉄道・満鉄線の中ソ合弁とソ連の特殊権益の保障など、中国の主権を著しく侵害するものだった。ローズヴェルトは、中国戦線での反攻が遅々として進まない以上、戦争を早期に終結させるためには強力なソ連軍の参戦によって、中国大陸の日本軍に打撃を与えることもやむなしと判断したのである。

ヤルタ密約の内容を知らされた蔣介石は、中国の主権を取引材料にしたこの合意内容を「売華」「侮華」の密約と呼んで激怒したものの、他の三大国との実力の違いはいかんともしがたく、それを受け入れざるを得なかった。五月のドイツ降伏によってソ連の対日参戦が秒読みとなるなか、国民政府はソ連との交渉を重ね、ソ連参戦後の八月一四日に中ソ友好同盟条約が結ばれた。中国はヤルタ密約の内容を基本的に認めるのと引き換えに、東北の領土・主権・行政権を中国が有すること、国民政府が新疆の管理権を全面的に回復すること、中共が国民政府の軍令・政令に服すること、ソ連が中共を支援しないと宣言することをソ連側に認めさせた。

大戦終盤の米中関係

第二次大戦における国際関係で、中国の「大国化」を後押ししたのはアメリカであり、中国の外交はアメリカを基軸としたが、アメリカの対中政策や中国の位置づけは、戦局の推移に大いに左右された。戦局の推移とは、中国戦線が基本的に膠着していたのにたいして、太平洋戦線では米軍の攻勢が順調だったため、日本本土への爆撃基地の確保ひとつをとってみても、中国戦線の重要性が相対的に低下していたことである。またアメリカは、仮に日本本土への上陸・占領がなされても、日本軍が中国大陸を拠点として長期抵抗を試みる可能性があるとみていたが、中国軍の現状では、大陸の日本軍にたいする大規模な反攻作戦は当面望めなかった。ローズヴェルトがスターリンに対日参戦を促したゆえんである。

一九四二年以来、アメリカは中国戦区の参謀長スティルウェルを通じて、中国軍の装備・訓練の充実を進めた。そして、精強になった中国軍が中国戦線だけでなく、ビルマ戦線の連合国合同作戦にも投入されることを要望し、また共産党の軍隊とも協力することを望んだ。だが、大陸での戦線維持を優先し、共産党との抗争を不可避と考える蔣介石は、中国軍がスティルウェルの指揮下にビルマに派遣されるのを認めはしたものの、対中援助物資の共産党への分配や軍事指揮権の統一については、自らの専権事項としてあくまで譲ろうとしなかった。こうした軋轢は、蔣の指揮能力・抗戦意欲へのスティルウェルの不信感と相まって、一九四四年春以降、中国戦区の指揮権移譲という大問題につながっていくことになる。

ちなみに、米軍の援助のもとで訓練され、連合軍のビルマ奪還作戦に参加した中国軍（インド駐留軍）は、一九四三年末に米軍部隊とともにビルマに進撃し、翌年五月にはビルマ北部最大の要衝であるミートキーナを包囲、八月に日本軍守備隊を全滅させた。また、国民政府直属軍も雲南からビルマへ向けて進攻し、ビルマとの国境付近の日本軍部隊を九月に壊滅させている。

大陸打通作戦

一九四四年四月、太平洋戦線での相次ぐ敗退で海上交通権を喪失しつつあった日本は、中国戦線での勝利による陸上交通の確保と中国側の空軍基地の破壊をもくろんで、大陸打通作戦（一号作戦）を開始した。参加兵力四一万、作戦距離約二〇〇〇キロにおよぶ日中戦争中最大規模の軍事攻勢だった。日本軍は年末までに、河南省の洛陽、湖南省の長沙・衡陽《こうよう》、広西省の桂林《けいりん》・柳州《りゅうしゅう》・南寧《なんねい》、貴州省の独山《どくさん》を相次いで占領した。

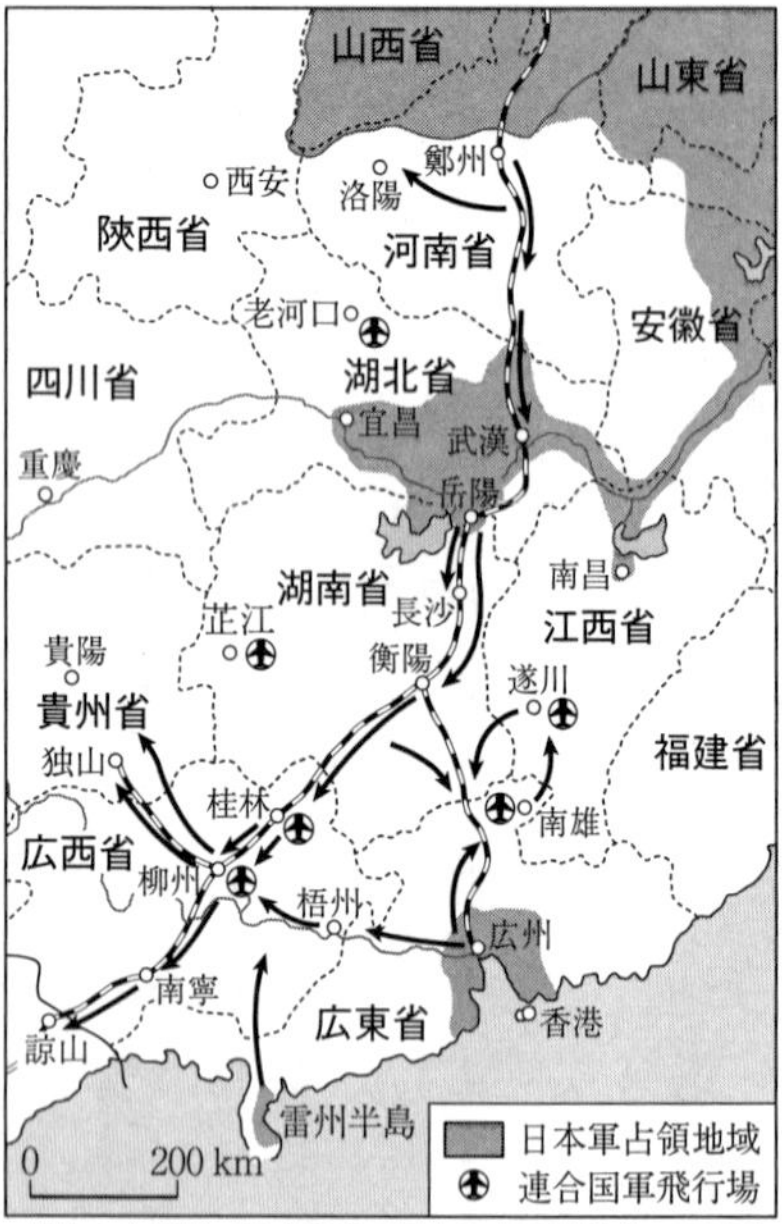

出典：木坂順一郎『昭和の歴史 7 太平洋戦争』321 頁より作成

大陸打通作戦

作戦は「打通」という面では成功したものの、大局的にはほとんど意味のない作戦だったと評されることが多い。陸上交通は打通したものの、鉄道や道路は中国軍によって破壊されて使いものにならなかったし、日本への米空軍の爆撃は成都に出撃基地を移して続けられ、さらに四四年七〜八月にマリアナ諸島を占領した米軍は、ここを日本本土爆撃の主要基地とするようになったからである。

この作戦が意味を持ったとすれば、それはむしろ重慶政府の権威が大きく失墜した点にあったということができる。たしかに中国軍は一部ではよく戦ったが、全体的にはずるずると敗退を重ねた。日本軍が重慶の南の貴州省へ入ると、重慶には難民があふれ、政府の一部機関はさらなる奥地への移転さえ検討するほどであった。連合国が全戦線で攻勢にあるなか、ひとり中国軍だけが潰走する事態に、世論の矛先は国民政府の無能、軍の腐敗に向けられた。軍の腐敗についていえば、中国軍の苛斂誅求《かれんちゅうきゅう》に耐えかねた河南の農民・民兵が、日本軍に味方して湯恩伯麾下の中国軍を攻撃するという事件が起こり、世論を唖然とさせたのも、この作戦のさなかのことだった。中国の研究者の中には、国民党・国民政府にたいする民心の向背は、この一九四四年が分水嶺となったと指摘する声もあるほどである。

スティルウェル事件

これまで蔣介石に配慮してきたローズヴェルトも、中国戦線の惨状に危機感を強め、統合参謀本部や在華公館の勧告を受け入れて、一九四四年七月に、中国全軍の指揮権をスティルウェルに移譲するよう蔣に求めるに至った。対米依存を強めていた蔣介石ではあったが、アメリカ側が九月に恫喝《どうかつ》にも似た強い調子で受け入れを迫ると、これを「終生最大の恥辱」と見なして拒否に転じ、逆にスティルウェルの解任を要求した。外国人に自国軍の指揮権を委ねることが、民族的屈辱だったことはいうまでもない。また、蔣にとっては、中国軍の潰走に伴って噴出した政権批判による威信低下が、指揮権の移譲によって決定的なものになることは、何としても避けなければならなかったのである。

結局ローズヴェルトは、スティルウェルへの権限移譲にこれ以上こだわれば、蔣介石は失脚し、中国は戦線から離脱するかもしれないと懸念する政府内の声に同意し、一〇月にスティルウェルの解任を決断した。連合国側から見れば、戦局全体に占める中国戦区の重要性は低下しており、指揮体制を変えることで得られる軍事的メリットよりも、中国を連合国に引き留めておく政治的メリットのほうが、戦後体制の構築の上でも大きいと判断した結果であった。

スティルウェルの解任を受け入れたことで、アメリカの対中感情は一時的に悪化した。だが、「四大国」のひとつとなった中国の政治的統一と安定が、単に中国一国の問題ではなく、アメリカが主導するであろう戦後の国際体制の重要なポイントであることは明白であった。それゆえアメリカは、国民政府の抱える課題、例えば対共産党交渉や独裁体制の段階的解消を促すといった形で、中国の内政問題へのコミットを強めていくことになった。

他方、国民政府としても、国内の政治改革を進めることは国内世論の支持をつなぎ止めるだけでなく、四大国の一員としての国際的責務でもあった。大戦が連合国の勝利に帰することが誰の目にもあきらかになってきた一九四五年五月、国民党は重慶で第六回党大会を開催（党員約二六五万）、戦後の復興プランを改めて明示するとともに、憲政実施の道筋として、憲法を制定するための国民大会を一一月の孫文生誕記念日に合わせて招集することを決定した。

日本の降伏

一九四五年になって世界大戦は最終段階に入った。四月、米軍が沖縄に上陸、五月にはベルリンがソ連軍によって占領されドイツは降伏した。中国戦線でも、大陸打通作戦によって手薄になった華北の被占領地に八路軍などが進攻して「解放区」を拡大していた。また、国民政府軍も前年の大敗で失った地域を奪回しただけでなく、米式訓練を受けた近代化師団によって、湖南の飛行場破壊をねらった日本軍の芷江《しこう》作戦を撃退（五月）、大きな損害を与えていた。日本軍の退勢は、中国戦線でもおおうべくもなかったのである。

七月、米英ソの三国首脳が降伏後のドイツで会談し、日本の降伏条件（日本の領土削減、軍備撤廃、戦犯裁判、連合国による占領など）を決定、中国の承認を得たのち、二六日に米英中の三国共同宣言として発表された（ポツダム宣言。その後、ソ連も加わる）。日本がその受諾を決断できないでいる間に、広島・長崎に原爆が投下され、ソ連が対日参戦した（八月八日に対日宣戦布告、翌日に進攻開始）。これにより戦争継続を断念した日本政府は、八月一〇日に天皇制の護持を条件とするポツダム宣言受諾の意向を連合国側に伝えた。

「日本降伏」の報は、その日のうちに中国各地に伝わり、一〇日夜から一一日にかけて、重慶などの都市では人々が街にあふれ、爆竹を鳴らしてこの勝利の報に歓喜した。長く苦しい戦争がようやく終わったのだ、それも日本を降伏させて……。払った犠牲が大きかった分、中国の人々の喜びはことのほか大きかった。

現在の中国では、一九三七年から四五年の八年にわたる戦争で、中国軍民の死傷者は三五〇〇万人以上、財産の損失は六〇〇〇億ドル以上と推計されている。他方で、日本軍の死者は約四七万人と見積もられている。中国人を屈服させる、簡単に言えばただそれだけのために行われた戦争と無数の蛮行・殺戮によって、日本はそれまでの日中関係史を根本からぶち壊すような巨大な不幸をつくりにつくったといわざるを得まい。

たしかに、侵略を通じて日本は中国になにがしかの「寄与」もしたかもしれない。例えば、中国ナショナリズムの覚醒・伸長をうながしたこと、満洲国や占領地での経済開発がその後の接収によって中国産業の基盤の一部をなしたこと等々である。だが、その場合の「寄与」とは、いずれも奪ったことによって与えたという逆説的な意味にとどまるのであって、奪ったものの大きさや戦争自体の惨禍の甚大さには及ぶべくもないのである。

中国では対日戦勝利は、しばしば「惨勝《さんしょう》」(惨憺たる勝利)と表現されたが、それは戦争が残したこうした途方もない人的・物的被害を言い表したものだった。

突然だった日本の降伏

中国の多くの人々にとって、日本の降伏は予想されたものではあったが、それが一九四五年八月半ばに急転直下、現実のものとなるとは、国民党も共産党も想定していなかった。毛沢東は八月上旬の時点でも、日本が降伏するにはもう一年ほどはかかるだろうとみており、各地の部隊には「解放区」を拡大させるとともに、将来の日本降伏と同時に起きるであろう国民党との内戦に備えるよう命じていた。

他方、蔣介石にしても一九四五年は、秋あるいは年末に予定される日本軍への総反攻作戦に向けて戦備を整えるのと並行して、共産党への武力討伐にも本腰を入れるべき年であった。つとにこの年の四月初め、蔣介石は、「全力を挙げて奸匪《かんひ》の組織および軍事力を殲滅する」ことを目的とする軍令部の作戦計画書をひそかに承認していた。かれらにとっては、共産党の辺区や軍は、もはや「匪区」であり「奸軍」以外のなにものでもなかったのである。実際、七月半ばには、陝甘寧辺区周辺で中共系部隊と国民政府軍(胡《こ》宗南《そうなん》部隊)との戦闘が始まっていた。

こうした状況の中で突如もたらされた日本降伏の知らせは、戦後処理という名の新たな角逐への号砲にほかならなかった。重慶が戦勝の知らせに沸き立っていた一〇日深夜から翌日にかけて、共産党の延安総部(総司令・朱徳)は、麾下の部隊に向けて矢継ぎ早に指令をおくり、近隣の日本軍占領地へ進撃し、敵軍を武装解除して降伏させること、ソ連軍に呼応して熱河・遼寧・吉林などへ進駐することなどを命じた。

これにたいして蔣介石は直ちに、共産党系部隊による降伏受理を禁じ、原駐留地での待命を命じた。地理的に見て、そもそも共産党の軍は華北を中心に、日本軍占領地に近い場所に展開していたのにたいして、西南部に展開する国民政府軍が接収のために移動するには、時間が必要であった。したがって、共産党軍による接収はなんとしても阻止せねばならないのである。

だが、この時すでに一〇〇万に近い兵力を持ち、抗日戦を自力で戦いぬいてきたと自負する共産党は、蔣の命令を拒否、国民党との衝突を覚悟の上で、進駐・接収を強行した。日本軍(支那派遣軍)の膨大な兵器・物資の行方は、国民政府にとっても、また本来はその指揮下にあるはずの共産党軍にとっても、軍事的力関係に直結する大問題だったのである。

戦中と戦後の境

八月九日以後、怒濤《どとう》の勢いで中国東北(満洲国)へ進攻したソ連軍は、関東軍を蹴散らし、またたく間に全東北を席捲、満洲国はあっけなく瓦解した(一八日に溥儀が退位、二〇日に満洲国解散宣言)。中国東北部の日本軍は、ソ連軍がその降伏を受理することになっていたため、ソ連側が接収した兵器・工業施設・物資などの引き渡し問題は、その後、ソ連・国民政府・中共を巻き込んだ複雑な争奪戦の様相を呈していくことになる。

一方、一九四四年の汪精衛病死後、陳公博《ちんこうはく》が政府主席代理をつとめていた南京の「国民政府」も、八月一六日に自ら解散を宣言して消滅した。ただし、この傀儡政権がほぼ同時に消滅した満洲国と違っていたのは、解散に先立ち、周仏海《しゅうふっかい》らの首脳が重慶政府によって「上海行動隊総指揮」などに任命され、重慶政府の接収が開始されるまでの間、支配地域の治安維持（共産党勢力の浸透防止）を任されたことである。戦後の漢奸裁判において、こうした形で重慶政府に協力した一部の「漢奸」たちは、往々にして「秩序を維持し人民に塗炭《とたん》の苦を受けしめず、社会の安全に貢献するところ少なくなかった」などの理由で、減刑されることになった。

南京で行われた日本軍の降伏文書調印式（9月9日）．降伏文書を手渡す小林浅三郎（支那派遣軍総参謀長，右）とそれを受けとる何応欽（左．『中国近代珍蔵図片庫　蔣介石与国民政府』）．

共産党に占領地や武器・弾薬を引き渡さないということであれば、昨日までの敵であった日本軍の利用価値はより大きかった。実際に、四四個師団、一〇五万の兵力を有する支那派遣軍はそれによく応えた。「防共」において、国民政府側と同じ立場に立つ支那派遣軍首脳部は、国民政府軍への降伏を早い段階で決意するだけでなく、八月一八日には「重慶中央政権の統一を容易ならしめ、中国の復興建設に協力」し、「進んで中央政権の武力充実に寄与」する方針を決定していた。

さらに、派遣軍側の要請を受けて、日本の大本営は二二日に支那派遣軍にたいし「局地的自衛の措置を実施すること」を認めた。「局地的自衛」とは、簡単にいえば、共産党軍に武装解除を迫られた部隊は、それに武力で抵抗するという意味である。この結果、華北では、八月一五日以降も共産党軍と日本軍との戦闘が続き、山西省では一万の日本軍が戦後三年以上にわたって国民政府軍のもとで共産党軍と戦うという事態すら起こっている。

戦争終結の手続きは、日本降伏が報じられた八月一〇日以降、日本側の降伏受諾正式決定(一四日)、翌日のいわゆる玉音《ぎょくおん》放送、東京湾での連合国への降伏文書調印(九月二日)、中国戦区の日本軍の降伏文書調印(九月九日、南京)と続くが、対日戦の勝利を境に、中国では全てが複雑にねじれ始めていた。

おわりに

日本の敗戦認識

日本降伏の過程であらわになったねじれは、中国の戦後史だけでなく、日中関係の戦後史にも及ぶものである。周知のように、降伏した日本(軍)にたいする中国の姿勢は、長期にわたった侵略、そしてその侵略戦争における暴虐の数々からすれば、驚くほど寛大なものであった。その典型は、対日戦勝利にあたっての蔣介石のラジオ演説(八月一五日の午前に行われたもの)にみることができる。

かれは内外に向けたその演説で、八年間にわたって受けた苦痛と犠牲を回顧し、これが世界で最後の戦争になることを希望するとともに、日本人にたいする一切の報復を禁じた。「不念旧悪」(過去の罪悪をいつまでも怨《うら》むなかれ)、「與人為善」(人のために善を為せ)という言葉で「人の道」を強調した演説の精神は、のちに「以徳報怨」(徳をもって怨みに報う)の四文字に集約され、敗戦国日本にたいする中華民国の基本方針と見なされるようになった。

むろん、この方針の背後に、共産党を圧伏するために敗軍を利用しようとする国民政府の意図がなかったとはいえないだろうが、大戦を経て「大国」の誇りを持つに至った中国側の度量

8月15日に抗戦勝利のラジオ演説を行った蒋介石(『中国近代珍蔵図片庫 蒋介石与国民政府』).

の大きさに、多くの日本人(とりわけ中国にいた日本の軍民)が感銘を受けたのは間違いない。だが、この「以徳報怨」の崇高さが、日本側の蒋介石(国民政府)への尊崇と国民政府への協力を引き出した一方で、一貫して曖昧だった中国にたいする戦争責任の認識をより屈折したものにする上で、体のよい護符にされたこともまた事実である。

そもそも中国の日本軍は、降伏にさいしても、中国に敗れたという認識は極めて希薄であった。支那派遣軍の参謀は、戦後になっても、「これは支那派遣軍全体の気持ちなのだが、我々は負けているのではない、全部戦いは勝っている。本店が商売に失敗してノレンをおろすから仕方ない、黒字の支店も閉店する。実力上は万全の体制にあるんだ」と回想している。つまり、英米を相手にしていた本国(本店)が負けたので、中国相手に勝っていた支那派遣軍(支店)もやむなく負けたことにしたのだ、という理屈である。

日中関係の長き戦後へ

こうした認識――つまり、「敗戦」や「降伏」の対象は、なによりも英米を中心とした国々であって、中国ではない――から生じるねじれた大戦観・中国観は、当然のことながら、中国にたいする「戦争責任」の感覚を、英米への「責任」感覚とは異なる方向へ導いていくことになる。支那派遣軍総司令官の岡村寧次《やすじ》みずからが起草した「和平直後の対支処理要綱」(八月一八日)では、次のように述べていた。

> 支那は東亜に残存する唯一の大国にして今後列強の圧迫下に、至難なる興国の大業に進まざるべからざる情勢に鑑み、此際《このさい》帝国は愈々《いよいよ》宿志に徹し、日支間の行懸《ゆきがか》りを一掃し極力支那を支援強化し、以《もっ》て将来における帝国の飛躍と東亜の復興に資す。

すなわち、長期にわたった戦争の惨禍は「行懸り」として済まされ、日本は従来からの「宿志」をはたすべく、今後も「列強の圧迫」を受けるであろう中国を「支援強化」し、それによって自国の「飛躍」を期すべきだと考えられているのである。こうした認識に立つ以上、そこから導き出される中国への「責任」のはたし方が、侵略を引き起こした者としての自責の方向へは向かわず、蒋介石政権の「武力充実に寄与」する方向へと向かうことは、いわば当然の帰結であった。戦争責任をめぐって、このようなねじれた認識をしたのは、独り軍部のみではな

支那派遣軍の降伏文書に署名する総司令官の岡村寧次とそれを見つめる日本軍の参謀たち(1945年9月9日.『中国近代珍蔵図片庫　汪精衛与汪偽政権』).

い。多くの日本人もまた、そうした「責任」のとり方を中国側も望んだかのごとくに受けとり、ある者は蔣介石に感謝し、ある者は中国との戦争を忘れたのだった。

だが、日本側が手前勝手な敗戦認識・中国認識にひたっていられた期間は長くはなかった。いうまでもなく、一九四九年に蔣介石が「中華民国」の名号を抱えて台湾に逃れ、その結果、日本にとって都合のよい「中国」は大陸から姿を消してしまったからである。かくて、日中関係は、戦争責任の再確認に加え、そもそも中国とはどこを指すのかという根源的な問いかけを伴う長い戦後を迎えることになるのである。

中ソ――もうひとつのねじれ

戦後中国の復興と統一を掲げた国民政府にとって、八月九日の対日参戦以来、圧倒的な兵力で東北の日本軍を駆逐したソ連との関係を早急に調整することは、ある意味では、日本軍の降伏受理以上に重要かつ喫緊の課題であった。中国の中央政権としての正統性を国際的に確立するための仕上げであると同時に、共産党処遇という厄介な懸案を解決する上でも、カギとなる課題だからである。慌ただしく中ソ友好同盟条約が調印されたまさにその日(八月一四日)に、蔣介石が毛沢東にたいして、内外の「各種重要問題」を話し合うために重慶に来られたしと提案したことに、蔣にとっての中ソ条約の意味がうかがわれよう。蔣介石は条約の締結にあたり、数々の譲歩の見返りとして、ソ連側に中共を支援しないこと、対中援助はすべて国民政府に向けられることを認めさせていたのである。

実はこの時、共産党側は日本軍占領地への進駐・接収が国民政府軍との衝突に発展することを見越し、そのさいは内戦も辞さない方針であった。共産党は、早くも八月一〇～一一日に華中の部隊に対して、上海・南京・武漢・徐州などの大都市や主要交通線を占領するよう命じるだけでなく、江蘇・安徽・浙江などの省政府主席や上海・南京などの市長の名簿も作成していた。また、日本軍の降伏受理を禁止されたことに抗議した八月一五日の米英ソ宛ての覚え書きは、「中国解放区抗日軍総司令」朱徳の名義で出され、国民政府を「国民党政府」と呼称していた。これらの名義や呼称は、共産党側がすでに国民政府の統治を離脱したこと、国民政府を中国の正統政権とは認めないことを示すものである。共産党系部隊の「人民解放軍」への改称や武装蜂起による上海奪取も計画された。八月中旬の一〇日ほどは、まさに戦争終結が一転して内戦勃発となる寸前だったのである。

中ソ友好同盟条約は、こうした緊迫する情勢のなか、まさに微妙なタイミングで締結された。そして、その一週間後に中共にもたらされたのが、内戦の回避、重慶会談への毛沢東の参加を促すモスクワからの電報であった。スターリンは、ヤルタの成果を保証してくれる中国を望んだのである。かくて、共産党は八月二一日以後、それまでの強硬方針を転換し、当初は「まったくのペテン」と見なしていた重慶会談の提案を受け入れたのだった。この間、共産党系部隊による接収にたいする日本軍の抵抗は強まるばかりだったし、何より、連合国も国内世論も内戦に反対していることはあきらかだった。

八月二八日、毛沢東は重慶に入り、以後一〇月まで蔣介石との交渉を重ねた。両者の話し合いは、一〇月一〇日に「双十《そうじゅう》会談紀要」(双十協定)と呼ばれるいちおうの合意に達した。だが、この間も共産党は、戦略要地と位置づけた東北地域にひそかに部隊・幹部を送り込み、ソ連軍の黙認のもと、旧日本軍の武器弾薬を獲得しながら勢力を拡大していった。一九四五年末までに東北へ移動した人員は、将兵約一一万、党幹部二万を数えたという。東北においては、国民政府を支持するという公式の立場をとるソ連軍が、ひそかに共産党の勢力拡大を支援するというもうひとつのねじれが進行していたのであった。一一月から一二月にかけて、東北・華北の要衝をめぐる国共の軍事紛争は激しさを増していった。戦後の平和は達成されるのか、不安と期待が交錯するなかで、戦勝の年、一九四五年は暮れていったのである。

あとがき

イデオロギーの時代の終焉が言われて久しい。今や中国近現代に関する日本の研究も、国民党とも共産党とも距離を置く、あるいはむしろ両党のどちらも主役とはしないものに重心が移りつつある。イデオロギーの時代の産物たる「革命史観」がまったく色あせてしまったせいだが、かといってそれで「革命史観」で未解決だった問題が解決されたかとなると、いささか心許ない。革命史観が後退したこの間、ソ連の崩壊によるモスクワ文書館の資料公開や中国での資料発掘、研究の進展によって、重大な政治事件の真相にも接近できるようになったのに、政治史・革命史への関心の薄れが災いして、新資料が扉を開いてくれた歴史の真相解明にも食指が動かなくなってしまったかの観がある。ならば、新資料が利用できるようになったこの機会に、あらためてイデオロギーの時代にこちらから飛び込んでやろうじゃないか、それもその時代の代表選手である国共両党を正面から見据える形で——。それが本書の出発点である。

従来の通史との比較でいえば、本書の特徴のひとつは、新資料のおかげであきらかになったソ連の役割や革命運動の実際について、かなりの紙幅を割いている点にあろう。また、近年公開が進んだ「蔣介石日記」を利用できるようになったことも、筆者にとっては幸いであった。本書で蔣日記を引用するに際しては、スタンフォード大学フーバー研究所所蔵の日記原本にあたった。いわゆる「蔣介石日記」(正確に言えば、日記を収録した年譜)は、従来からさまざまな版本が刊行されていたのだが、今回原本との対照を経て、従来の版本に蔣介石自身による後年の加筆・修正がかなり含まれていたことには、改めて強い印象を受けた。例えば、本書五一〜五二頁で触れた張作霖爆殺事件について、これまでの版本は事件直後の日記として、「張作霖が奉天の皇姑屯《こうことん》で関東軍の敷設した地雷で爆殺されたとのこと。……日本人の陰険非道たるやかくの如し」という記述を録するのだが、かれが日本による謀殺を見抜いていたことを示すこの段は、日記の原本には見られないものである。後年の高みから都合のよい歴史像・自己像をつくらんとする歴史叙述のイデオロギー性は、こんなところにも透かし見えるのであった。

政治と革命に正面から挑んだ本書が、従来の「革命史観」とは異なる視点や内容をどこまで提示し得たかについては、読者諸氏の判断・評価に待ち、忌憚なき批判をお願いする次第である。最後に、本書の執筆を順調ならしめてくれた小田野耕明さんに厚く御礼申し上げたい。

二〇一〇年盛夏

石川禎浩

岩波新書新赤版一〇〇〇点に際して

ひとつの時代が終わったと言われて久しい。だが、その先にいかなる時代を展望するのか、私たちはその輪郭すら描きえていない。二〇世紀から持ち越した課題の多くは、未だ解決の緒を見つけることのできないままであり、二一世紀が新たに招きよせた問題も少なくない。グローバル資本主義の浸透、憎悪の連鎖、暴力の応酬――世界は混沌として深い不安の只中にある。

現代社会においては変化が常態となり、速さと新しさに絶対的な価値が与えられた。消費社会の深化と情報技術の革命は、種々の境界を無くし、人々の生活やコミュニケーションの様式を根底から変容させてきた。ライフスタイルは多様化し、一面では個人の生き方をそれぞれが選びとる時代が始まっている。同時に、新たな格差が生まれ、様々な次元での亀裂や分断が深まっている。社会や歴史に対する意識が揺らぎ、普遍的な理念に対する根本的な懐疑や、現実を変えることへの無力感がひそかに根を張りつつある。そして生きることに誰もが困難を覚える時代が到来している。

しかし、日常生活のそれぞれの場で、自由と民主主義を獲得し実践することを通じて、私たち自身がそうした閉塞を乗り超え、希望の時代の幕開けを告げてゆくことは不可能ではあるまい。そのために、いま求められていること――それは、個と個の間で開かれた対話を積み重ねながら、人間らしく生きることの条件について一人ひとりが粘り強く思考することではないか。その営みの糧となるものが、教養に外ならないと私たちは考える。歴史とは何か、よく生きるとはいかなることか、世界そして人間はどこへ向かうべきなのか――こうした根源的な問いとの格闘が、文化と知の厚みを作り出し、個人と社会を支える基盤としての教養となった。まさにそのような教養への道案内こそ、岩波新書が創刊以来、追求してきたことである。

岩波新書は、日中戦争下の一九三八年一一月に赤版として創刊された。創刊の辞は、道義の精神に則らない日本の行動を憂慮し、批判的精神と良心的行動の欠如を戒めつつ、現代人の現代的教養を刊行の目的とする、と謳っている。以後、青版、黄版、新赤版と装いを改めながら、合計二五〇〇点余りを世に問うてきた。そして、いままた新赤版が一〇〇〇点を迎えたのを機に、人間の理性と良心への信頼を再確認し、それに裏打ちされた文化を培っていく決意を込めて、新しい装丁のもとに再出発したいと思う。一冊一冊から吹き出す新風が一人でも多くの読者の許に届くこと、そして希望ある時代への想像力を豊かにかき立てることを切に願う。

（二〇〇六年四月）

石川禎浩

1963年 山形県生まれ
1990年 京都大学大学院文学研究科史学科修士課程修了．
京都大学人文科学研究所助手，神戸大学文学部
助教授を経て
現在 ― 京都大学人文科学研究所准教授
専攻 ― 中国近現代史
著書 ― 『中国共産党成立史』(岩波書店)
訳書 ― 丁文江・趙豊田編『梁啓超年譜長編』(全5巻，共訳，岩波書店)

革命とナショナリズム 1925-1945
シリーズ 中国近現代史③　岩波新書(新赤版)1251

2010年10月20日　第1刷発行

著　者　石川禎浩《いしかわよしひろ》

発行者　山口昭男

発行所　株式会社 岩波書店
〒101-8002 東京都千代田区一ツ橋 2-5-5
案内 03-5210-4000　販売部 03-5210-4111
http://www.iwanami.co.jp/

新書編集部 03-5210-4054
http://www.iwanamishinsho.com/

印刷・三陽社　カバー・半七印刷　製本・中永製本

ISBN 978-4-00-431251-2　Printed in Japan

索　引

あ 行

か 行

さ行

た 行

略 年 表

1925年	3 孫文死去．5 中華全国総工会成立．五三〇事件．6 省港ストライキ開始．7 広東で国民政府発足．8 廖仲愷暗殺．11 郭松齢の反乱
1926	3 中山艦事件．北京政府，デモ隊弾圧．7 国民革命軍，北伐を本格開始．10 北伐軍，武漢占領
1927	1 国民政府，武漢で業務開始．漢口租界回収．3 上海で武装蜂起．南京事件．4 蔣介石，上海クーデター．南京に国民政府樹立．7 武漢国民政府の分共．第一次国共合作崩壊．8 共産党，南昌蜂起．9 秋収蜂起．10 毛沢東ら井崗山へ．11 田中義一・蔣介石会談
1928	4 国民革命軍，北伐再開．5 日本，山東出兵．済南事変．6 張作霖爆殺事件．北伐軍，北京入城．北伐終了．共産党，モスクワで第 6 回党大会．10 国民党，訓政綱領発表．12 張学良，易幟
1929	6 日本，国民政府を正式承認．9 中東鉄道をめぐって奉ソ戦争勃発
1930	3 左翼作家聯盟結成．5 中原大戦勃発．中日関税協定．7 紅軍，長沙占領．9 北平に反蔣派の国民政府成立．11 対共産党囲剿作戦の開始
1931	2 蔣介石，胡漢民を幽閉．5 訓政約法制定．広州に反蔣派の国民政府成立．9 柳条湖事件（満洲事変勃発）．11 瑞金に中華ソヴィエト共和国成立
1932	1 第一次上海事変．3「満洲国」建国．5『独立評論』創刊．12 中国民権保障同盟結成
1933	2 日本軍，熱河作戦開始．3 廃両改元．5 塘沽停戦協定．11 福建事変
1934	2 蔣介石，新生活運動を提唱．3「満洲国」，帝制に移行．10 紅軍，長征開始
1935	1 共産党，遵義会議．6 梅津・何応欽協定．土肥原・秦徳純協定．8 共産党，八一宣言．10 紅軍，呉起鎮に到着．11 汪精衛狙撃事件．幣制改革．冀東防共自治委員会成立．12 一二九運動．冀察政務委員会成立．共産党，瓦窰堡会議

1936年	5 憲法草案(五五憲草)公布．支那駐屯軍増兵．6 全国各界救国連合会成立．両広事変．10 魯迅死去．11 綏遠事件．「救国七君子」逮捕事件．12 西安事変
1937	7 盧溝橋事件．蔣介石，廬山談話．日中全面衝突へ．8 第二次上海事変．中ソ不可侵条約．全国徴兵令発布．9 第二次国共合作．11 国民政府，重慶遷都を声明．12 日本軍，南京占領(南京大虐殺)
1938	1 第一次近衛声明．4 国民党，「抗戦建国綱領」採択．10 日本軍，武漢・広州を占領．12 汪精衛，重慶脱出
1939	9 国民参政会，憲政実行を決議．12 国民党軍，陝甘寧辺区を包囲
1940	3 汪精衛，南京に国民政府樹立．8 八路軍，百団大戦．11 日本，汪精衛政権を正式承認
1941	1 新四軍事件．11 田賦の実物徴収．12 太平洋戦争開始．国民政府，日本に宣戦布告．日本軍，香港占領
1942	1 連合国共同宣言調印．3 国家総動員法．4 共産党，整風運動開始
1943	1 英米，治外法権撤廃．11 蔣介石，カイロ会談出席
1944	4 日本軍，大陸打通作戦．10 スティルウェル解任．11 東トルキスタン共和国樹立
1945	2 ヤルタ会談．4 共産党第 7 回党大会．毛沢東「連合政府論」．5 国民党第 6 回党大会．憲法制定国民大会の決定．8 ソ連参戦．日本降伏．中ソ友好同盟条約．蔣介石と毛沢東の会談．9 中国戦区の日本軍，南京で降伏文書調印

参考文献

本文の中で直接には言及できなかったが，執筆にあたって参考にしたものを掲げた．史資料や刊行史料，工具書は原則として除いた．その他，紙数の関係からいちいち掲げないが，多くの文献，研究から教えられたことを付記しておく(各章ごとに刊行年代順に配列)．

全体に関するもの
波多野善大『国共合作』中央公論社，1973
サンケイ新聞社『蔣介石秘録』全15冊，サンケイ出版，1975-77
小野信爾『人民中国への道』講談社，1977
小野和子『中国女性史』平凡社，1978
野沢豊・田中正俊編『講座中国近現代史』第5・6巻，東京大学出版会，1978
小島晋治・丸山松幸『中国近現代史』岩波書店，1986
西村成雄『中国ナショナリズムと民主主義』研文出版，1991
竹内実編『中国近現代論争年表』上，同朋舎出版，1992
姫田光義ほか『中国20世紀史』東京大学出版会，1993
堀川哲男編『アジアの歴史と文化 5 中国史 近・現代』同朋舎出版，1995
高橋孝助・古厩忠夫編『上海史』東方書店，1995
NHK取材班『毛沢東とその時代』恒文社，1996
中嶋嶺雄編『中国現代史』新版，有斐閣，1996
狭間直樹ほか『データでみる中国近代史』有斐閣，1996
横山宏章『中華民国』中央公論社，1997
野村浩一『蔣介石と毛沢東』岩波書店，1997
狭間直樹・長崎暢子『世界の歴史 27　自立へ向かうアジア』中央公論新社，1999
天津地域史研究会編『天津史』東方書店，1999
松丸道雄ほか編『世界歴史大系　中国史 5』山川出版社，2002
ボリス・スラヴィンスキー，ドミートリー・スラヴィンスキー，加藤幸廣訳『中国革命とソ連』共同通信社，2002
田中仁編著『原典で読む20世紀中国政治史』白帝社，2003
西村成雄『20世紀中国の政治空間』青木書店，2004
楊奎松『毛沢東与莫斯科的恩恩怨怨』第3版，江西人民出版社，2005
菊池秀明『中国の歴史 10 ラストエンペラーと近代中国』講談社，2005
中央大学人文科学研究所編『民国後期中国国民党政権の研究』中央大学出版部，2005

参考文献

劉傑ほか編『国境を越える歴史認識』東京大学出版会，2006
楊天石『蔣介石与南京国民政府』中国人民大学出版社，2007
川島真・服部龍二編『東アジア国際政治史』名古屋大学出版会，2007
沈志華主編『中蘇関係史綱』新華出版社，2007
楊奎松『国民党的“聯共”与“反共”』社会科学文献出版社，2008
楊天石『找尋真実的蔣介石』山西人民出版社，2008
久保亨ほか『現代中国の歴史』東京大学出版会，2008
楊奎松『民国人物過眼録』広東人民出版社，2009
飯島渉ほか編『シリーズ 20 世紀中国史』全 4 巻，東京大学出版会，2009
池田誠ほか『図説 中国近現代史』第 3 版，法律文化社，2009
貴志俊彦ほか編『模索する近代日中関係』東京大学出版会，2009
末次玲子『20 世紀中国女性史』青木書店，2009
ロバート・ビッカーズ，本野英一訳『上海租界興亡史』昭和堂，2009
榎本泰子『上海：多国籍都市の百年』中央公論新社，2009
王奇生『革命与反革命』社会科学文献出版社，2010
中央大学人文科学研究所編『中華民国の模索と苦境：1928-1949』中央大学出版部，2010

はじめに
唐啓華『北京政府與国際聯盟』東大図書公司，1998
西村成雄編『中国外交と国連の成立』法律文化社，2004
石川禎浩「死後の孫文」『東方学報』京都，第 79 冊，2006

第 1 章
ハロルド・R・アイザックス，鹿島宗二郎訳『中国革命の悲劇(全訂版)』至誠堂，1971
野沢豊編『中国国民革命史の研究』青木書店，1974
山田辰雄『中国国民党左派の研究』慶應通信，1980
臼井勝美『中国をめぐる近代日本の外交』筑摩書房，1983
ジェローム・チェン，北村稔ほか訳『軍紳政権』岩波書店，1984
狭間直樹編『中国国民革命の研究』京都大学人文科学研究所，1992
緒形康『危機のディスクール』新評論，1995
狭間直樹編『1920 年代の中国』汲古書院，1995
ラーズ・リーほか編，岡田良之助・萩原直訳『スターリン極秘書簡』大月書店，1996
栃木利夫・坂野良吉『中国国民革命』法政大学出版局，1997
北村稔『第一次国共合作の研究』岩波書店，1998
石川禎浩「国共合作の崩壊とソ連・コミンテルン」『五十周年記念論集 神

戸大学文学部』2000
服部龍二『東アジア国際環境の変動と日本外交：1918-1931』有斐閣，2001
姚金果ほか『共産国際，聯共(布)与中国大革命』福建人民出版社，2002
王奇生『党員，党権与党争』上海書店出版社，2003
嵯峨隆『戴季陶の対日観と中国革命』東方書店，2003
坂野良吉『中国国民革命政治過程の研究』校倉書房，2004
丁文江・趙豊田編，島田虔次編訳『梁啓超年譜長編』全5巻，岩波書店，2004
服部龍二ほか編『戦間期の東アジア国際政治』中央大学出版部，2007
高嶋航「1920年代の中国における女性の断髪」，石川禎浩編『中国社会主義文化の研究』京都大学人文科学研究所，2010

第2章

野沢豊編『中国の幣制改革と国際関係』東京大学出版会，1981
茅盾編，中島長文編訳『中国の一日』平凡社，1984
中国現代史研究会編『中国国民政府史の研究』汲古書院，1986
兪辛焞『満洲事変期の中日外交史研究』東方書店，1986
水野明『東北軍閥政権の研究』国書刊行会，1994
臼井勝美『満洲国と国際連盟』吉川弘文館，1995
久保亨『戦間期中国〈自立への模索〉』東京大学出版会，1999
藤井省三『現代中国文化探検』岩波書店，1999
萩原充『中国の経済建設と日中関係』ミネルヴァ書房，2000
飯島渉『ペストと近代中国』研文出版，2000
秋田茂・籠谷直人編『1930年代のアジア国際秩序』渓水社，2001
森時彦『中国近代綿業史の研究』京都大学学術出版会，2001
家近亮子『蔣介石と南京国民政府』慶應義塾大学出版会，2002
土屋光芳『汪精衛と蔣汪合作政権』人間の科学新社，2004
謝黎『チャイナドレスをまとう女性たち』青弓社，2004
江夏由樹ほか編『近代中国東北地域史研究の新視角』山川出版社，2005
飯塚靖『中国国民政府と農村社会』汲古書院，2005
森時彦編『在華紡と中国社会』京都大学学術出版会，2005
貴志俊彦ほか編『戦争・ラジオ・記憶』勉誠出版，2006
段瑞聡『蔣介石と新生活運動』慶應義塾大学出版会，2006
水羽信男『中国近代のリベラリズム』東方書店，2007
加藤陽子『満州事変から日中戦争へ』岩波書店，2007
味岡徹『中国国民党訓政下の政治改革』汲古書院，2008
久保亨『20世紀中国経済史の探求』信州大学人文学部，2009

参考文献

金以林『国民党高層的派系政治』社会科学文献出版社，2009
服部龍二『日中歴史認識—「田中上奏文」をめぐる相剋 1927-2010』東京大学出版会，2010
小野寺史郎「南京国民政府期の党歌と国歌」，石川禎浩編『中国社会主義文化の研究』京都大学人文科学研究所，2010

第 3 章

張国燾『我的回憶』全 3 巻，明報月刊出版社，1971-74
宇野重昭『中国共産党史序説』上下，日本放送出版協会，1973-74
ソ連科学アカデミー極東研究所編著，毛里和子・本庄比佐子訳『中国革命とソ連の顧問たち』日本国際問題研究所，1977
宍戸寛『中国紅軍史』河出書房新社，1979
姫田光義『中国革命に生きる』中央公論社，1987
ハリソン・E・ソールズベリー，岡本隆三監訳『長征』時事通信社，1988
矢吹晋『毛沢東と周恩来』講談社，1991
福本勝清『中国革命への挽歌』亜紀書房，1992
金冲及主編，狹間直樹監訳『周恩来伝』全 3 巻，阿吽社，1992-93
福本勝清『中国共産党外伝』蒼蒼社，1994
エドガー・スノー，松岡洋子訳『中国の赤い星』上下，筑摩書房，1995
田中恭子『土地と権力：中国の農村革命』名古屋大学出版会，1996
高橋伸夫『中国革命と国際環境』慶應義塾大学出版会，1996
小林弘二『20 世紀の農民革命と共産主義運動』勁草書房，1997
福本勝清『中国革命を駆け抜けたアウトローたち』中央公論社，1998
ケヴィン・マクダーマットほか，萩原直訳『コミンテルン史』大月書店，1998
金冲及主編，村田忠禧・黄幸監訳『毛沢東伝』上下，みすず書房，1999-2000
陳永発『中国共産革命七十年(修訂版)』上下，聯經出版，2001
中共中央党史研究室『中国共産党歴史』第 1 巻，中共党史出版社，2002
近藤邦康『毛沢東—実践と思想』岩波書店，2003
鄭超麟，長堀祐造ほか訳『初期中国共産党群像』1・2，平凡社，2003
高橋伸夫『党と農民』研文出版，2006
楊奎松『中国近代通史 8 内戦与危機』江蘇人民出版社，2007
孫江『近代中国の革命と秘密結社』汲古書院，2007
田原史起『20 世紀中国の革命と農村』山川出版社，2008
韓鋼，辻康吾編訳『中国共産党史の論争点』岩波書店，2008
高華『革命年代』広東人民出版社，2010

第 4 章
松本重治『上海時代』全 3 巻，中央公論社，1974
長野広生『西安事変』三一書房，1975
江口圭一『日中アヘン戦争』岩波書店，1988
NHK 取材班・臼井勝美『張学良の昭和史最後の証言』角川書店，1991
岸田五郎『張学良はなぜ西安事変に走ったか』中央公論社，1995
山本有造編『「満洲国」の研究(改訂新版)』緑蔭書房，1995
西村成雄『張学良』岩波書店，1996
今井駿『中国革命と対日抗戦』汲古書院，1997
鹿錫俊『中国国民政府の対日政策』東京大学出版会，2001
田中仁『1930 年代中国政治史研究』勁草書房，2002
安井三吉『柳条湖事件から盧溝橋事件へ』研文出版，2003
内田尚孝『華北事変の研究』汲古書院，2006
楊奎松『西安事変新探』江蘇人民出版社，2006
黄自進編『蔣中正與近代中日関係』1・2，稲郷出版社，2006
光田剛『中国国民政府期の華北政治』御茶の水書房，2007
張友坤ほか『張学良年譜(修訂版)』社会科学文献出版社，2009

第 5 章
徳田教之『毛沢東主義の政治力学』慶應通信，1977
益井康一『漢奸裁判史』みすず書房，1977
浅田喬二編『日本帝国主義下の中国』楽游書房，1981
石島紀之『中国抗日戦争史』青木書店，1984
古屋哲夫『日中戦争』岩波書店，1985
池田誠編著『抗日戦争と中国民衆』法律文化社，1987
井上清・衛藤瀋吉編著『日中戦争と日中関係』原書房，1988
公安部檔案館編『在蔣介石身辺八年：侍従室高級幕僚唐縦日記』群衆出版社，1991
江口圭一『十五年戦争小史(新版)』青木書店，1991
安井三吉『盧溝橋事件』研文出版，1993
中央大学人文科学研究所編『日中戦争』中央大学出版部，1993
王柯『東トルキスタン共和国研究』東京大学出版会，1995
劉傑『日中戦争下の外交』吉川弘文館，1995
秦郁彦『盧溝橋事件の研究』東京大学出版会，1996
奥村哲『中国の現代史』青木書店，1999
笠原十九司『南京事件と三光作戦』大月書店，1999
劉傑『漢奸裁判』中央公論新社，2000
高華『紅太陽是怎様升起的：延安整風運動的来龍去脈』中文大学出版社，

2000
劉大年・白介夫編，曽田三郎ほか訳『中国抗日戦争史』桜井書店，2002
内田知行『抗日戦争と民衆運動』創土社，2002
鄧野『聯合政府与一党訓政：1944-1946 年間国共政争』社会科学文献出版社，2003
三好章『摩擦と合作：新四軍 1937-1941』創土社，2003
石島紀之・久保亨編『重慶国民政府史の研究』東京大学出版会，2004
石田米子・内田知行編『黄土の村の性暴力』創土社，2004
高綱博文編著『戦時上海：1937-45 年』研文出版，2005
小林英夫・林道生『日中戦争史論』御茶の水書房，2005
倉沢愛子ほか編『岩波講座 アジア・太平洋戦争』全 8 巻，岩波書店，2005-06
姫田光義・山田辰雄編『中国の地域政権と日本の統治』慶應義塾大学出版会，2006
波多野澄雄・戸部良一編『日中戦争の軍事的展開』慶應義塾大学出版会，2006
中村哲夫『日中戦争を読む』晃洋書房，2006
高文謙，上村幸治訳『周恩来秘録』上下，文藝春秋社，2007
秦郁彦『南京事件(増補版)』中央公論新社，2007
笠原十九司『南京事件論争史』平凡社，2007
楊天石『抗戦与戦後中国』中国人民大学出版社，2007
笹川裕史・奥村哲『銃後の中国社会』岩波書店，2007
吉田裕『アジア・太平洋戦争』岩波書店，2007
永井和『日中戦争から世界戦争へ』思文閣出版，2007
菊池一隆『中国抗日軍事史』有志舎，2009

おわりに
稲葉正夫編『岡村寧次大将資料』原書房，1970
読売新聞社編『昭和史の天皇』第 14 巻，読売新聞社，1971
劉傑・川島真編『1945 年の歴史認識』東京大学出版会，2009